# 汾酒故乡　英雄吕梁

吕梁市文化和旅游局 编

中国摄影出版传媒有限责任公司
China Photographic Publishing & Media Co., Ltd.
中国摄影出版社

# 目录 CONTENTS

汾酒故乡　英雄吕梁

# 目录 CONTENTS

# 前　　言

煌煌我华夏，巍巍之吕梁。

吕梁，地处山西省中部西侧，际山枕水，因山得名。境内骨脊山，古称“吕梁山”。《说文解字》载：“吕，曰脊骨，曰脊椎，曰膂骨；梁，水桥也，石绝于水为梁，负栋曰梁。”吕梁，即“骨脊”也。这里又是女娲采五色石补天遗石之地，民间传说为这块宝地增添了魔幻般的传奇色彩。

如今说起吕梁，大多数人的印象是小说《吕梁英雄传》、民歌《人说山西好风光》中的吕梁。吕梁不仅历史文化积淀深厚，更有着独特的地理地貌、大气磅礴的山川河流、淳朴秀美的村落堡子，以及那红色基因永远传承不息的种子。

承荫于斯，特编纂《吕梁——汾酒故乡 英雄吕梁》画册，本书分“大美吕梁”“悠久吕梁”“英雄吕梁”“田园吕梁”“传承吕梁”和“美味吕梁”等六个篇章，为您解读这块古老的厚土、红色的沃土、令人向往的热土。

黄河水奔腾澎湃，吕梁山博大雄浑，构成华夏文明重要的一山一水。它们在这里汇聚，守护和滋养这方土地，它们在这里见证，聆听诉说这里的故事。你听，这里沟壑纵横间传颂的，有赵武灵王胡服骑射的凿空之举，亦有“牧童遥指杏花村”的“数酌带微酣”；有“千里冰封，万里雪飘”的千古绝唱，亦有碛口古镇骡马运输队的马蹄声声；有气贯寰宇的“生的伟大，死的光荣”，亦有马烽和西戎笔下的《吕梁英雄传》……

在这里，圆与缺，曲与直，急与缓，动与静，雄与秀，朴与奇，明与暗，光与色，形与神，实与虚，山与水，天与地，达到了高度的和谐，群峰逶迤里隐藏着的文明密码，令人沉醉，使人神往。

# 吕梁主要旅游资源分布

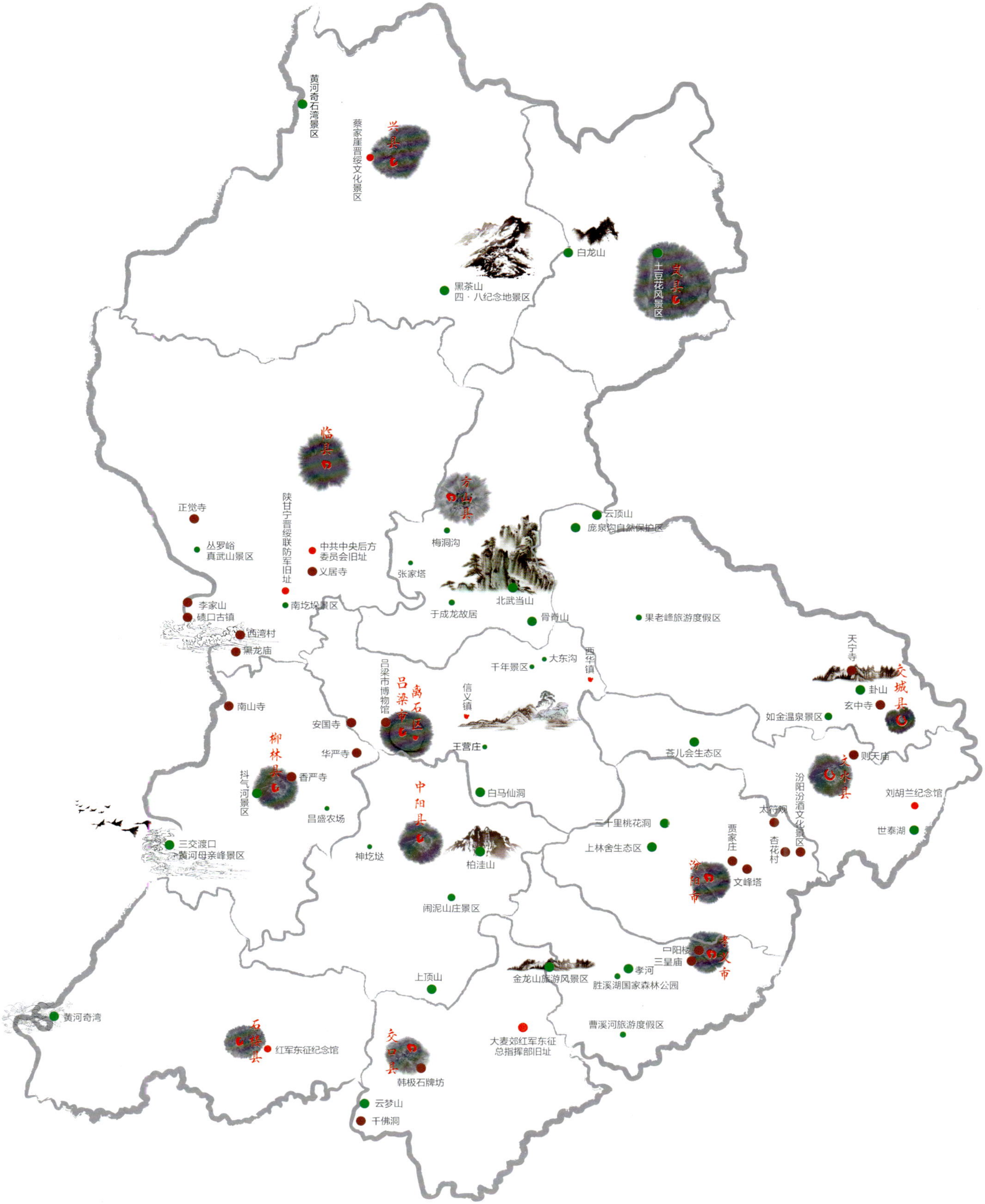

黄河奇石湾景区
蔡家崖晋绥文化景区
兴县
白龙山
土豆花风景区
岚县
黑茶山
四·八纪念地景区
临县
方山县
正觉寺
丛罗峪
真武山景区
陕甘宁晋绥联防军旧址
中共中央后方委员会旧址
义居寺
李家山
碛口古镇
西湾村
黑龙庙
南圪垛景区
云顶山
庞泉沟自然保护区
梅洞沟
张家塔
北武当山
于成龙故居
骨脊山
果老峪旅游度假区
大东沟
千年景区
西华镇
信义镇
吕梁市博物馆
吕梁市
离石区
天宁寺
交城县
卦山
玄中寺
如金温泉景区
南山寺
安国寺
华严寺
柳林县
香严寺
抖气河景区
王营庄
苍儿会生态区
则天庙
文水县
白马仙洞
中阳县
昌盛农场
汾阳汾酒文化景区
刘胡兰纪念馆
二十里桃花洞
太符观
世泰湖
三交渡口
黄河母亲峰景区
神圪垯
柏洼山
上林舍生态区
贾家庄
杏花村
汾阳市
文峰塔
闹泥山庄景区
孝义市
中阳楼
三皇庙
孝河
胜溪湖国家森林公园
金龙山旅游风景区
上顶山
黄河奇湾
石楼县
红军东征纪念馆
交口县
大麦郊红军东征总指挥部旧址
曹溪河旅游度假区
韩极石牌坊
云梦山
千佛洞

北武当山

黄河奇湾

汾酒文化园

碛口古镇

文湖景区

# 大美吕梁

云顶山

这里的山，是吕梁山，横亘八百里，挺起晋西高原的脊梁。

这里的水，是黄河水，奔涌六百里，成为吕梁大地的主脉。

至此，山河有了约定。

黄河从兴县牛家洼进入吕梁境后，就与吕梁山遥遥相望，弯弯曲曲，千绕百转，愈发恣意狂躁，进入其最艰难的一段行程。从兴县、临县，一路浪涛奔涌，冲刺搏杀，至柳林孟门关，浪急滩多，明漩暗涡，杀机四伏。两岸大大小小支流四十余条，如一条条银色飘带，缀满珍珠。狂奔到石楼县辛关镇，陡然向东，接连转了两道几乎为 360° 的大弯。黄河在此一改狂放激越、浩浩荡荡之性格，将其另一面表现得完美极致，婉约，清秀，美丽。然后，悠悠然，从北头村出吕梁境了。

河有河的气度，山有山的豪迈。

吕梁不枉山的基因，集雄奇险秀于一体的北武当山，是北方道教圣地之一；山形卦象的交城卦山，古柏参天，寺宇巍峨；素有“云梦仙境”之称的云梦山，山高崖险，相传春秋战国时代纵横家鼻祖鬼谷子曾在这里修道讲经；漫山松柏的柏洼山，清代大家傅山曾在这里留下了不少诗句……

巍巍吕梁山，滚滚黄河水，养育了淳朴厚道的吕梁儿女，迎接四面八方的游客……

位于吕梁方山县境内的北武当山被称为“三晋第一名山”，正应了那句“山不在高，有仙则名”的古话，北武当山之所以出名，确有着独特的“仙气”。崇山峻岭间流云飞渡，云层似连绵无垠的大海，几点青峰时隐时现。

在北武当山有一大奇松景观，名曰“鸳鸯松”，看上去就像一对热恋中的情人，难舍难分。当地老百姓称之为“鸳鸯松”“夫妻松”，或“牛郎织女松”。据说，每年农历七月七日的晚上，当夜深山静之时，游人若置身于“鸳鸯松”下，还能隐隐约约地听到牛郎和织女窃窃私语之声。

北武当山最有名的龟蛇石在玄天大殿正前方之水火峰顶上。两块石头巍然屹立，一似神龟攀缘，一如银蛇吐信，是中国境内罕见的一大景观。巨石苍龟，虽重逾数吨，但人力便可推动，当山间狂风吹来，龟石摇摇欲坠，虽令人心悬，但巍然屹立，因此，又得名“风动石”。

北武当山的周边大多是黄土山峁，层层梯田，山脚是世代生生不息的村民和村庄，被康熙帝誉为“天下廉吏第一”的于成龙就出生在北武当山下的来堡村。

静兴高速
呼北高速
岚县
静兴高速
平临高速
平临高速
临县
方山县
北武当山
吕梁机场
庞泉沟镇
吕梁市
祁离高速
青银高速

褐马鸡的重要栖息地

【庞泉沟自然保护区】

庞泉沟是山西省省鸟—褐马鸡的重要栖息地，全国八大鸟类保护区之一，也是华北落叶松之乡。这里林木参天，溪水不断，芳草如茵，花团锦簇。高山深谷间，有文峪河从中盘旋而出。文水、汾阳、孝义都有它的滋润，唯独不浇交城，于是有了一首民歌《交城山》，“交城的山来交城的水，不浇那个交城浇了文水”。2016年，龙门渠引水工程竣工，实现了“浇交城”的美好愿望。

# 黄河在吕梁境内的最后一次深情回眸

## 【黄河奇湾】

黄河到了石楼县辛关镇与陕西清涧县之间时，突然山水环绕，苍凉的吕梁山大开大阖，奔腾的黄河水湍流飞跃，两者姿态优美潇洒，气度恢宏浩大，共同旋转出一道近于360°的大奇湾。

这里蕴含了如此多的美学元素：曲与直、宽与窄、柔与刚、高与低、平与陡、动与静、水与山、天与地、土与石、朴与奇、历史与现实、人文与自然。

站在石楼县一个叫马家畔的地方看，黄河水不急不躁，极其舒缓优雅，慢慢地，绕着中间的山体，转了一个圆圆的大圈。其周长8公里，仿佛姑娘头上用皮筋绾了个精致的发髻。从高处俯瞰，只见河水中央的那座山绿树葱郁，宛若翠玉。山脚四周，纷纷被河水环绕，犹如一座绿山放置于水中央。真的让人怀疑，这是不是黄河？人说天下黄河九十九道弯，却没有想到，黄河在吕梁境内的最后一个弯，竟然弯得如此平静而玲珑。

# 五岳中轴之望脊【骨脊山】

说起吕梁山，恐怕无人不晓，但骨脊山可能知道的人就不多了。骨脊山，又名谷积山，位于吕梁山脉中段，地处交城、方山与离石三县区之界山。“其名骨脊山者，以泰山在左，华山在右，常山为靠，嵩山为抱，衡山为朝，此山是隆居中，依然天地之脊骨焉。”《永宁州志》的记载道出了骨脊山名字的由来。

这里山峦起伏，绿草如茵，鲜花争妍，牛马走过，留下一串串悦耳动听的铃声，其如初恋般的温馨与神秘，吸引着游人钻山探幽寻景悟道；待到登上山巅，是又一番景象。山高人为峰，指可触蓝天，极目看四野，一览众山小。怀拥着吕梁山的雄伟和宽广，人仿佛进入了绝世绝美的圣境：宠辱皆忘，烦恼顿远，轻吻白云，纵横古今，神驰天际，策“马”奔腾……它会随着季节的更替幻化出别样的风姿，向世人展示其多彩的魅力。漫步山林中，你会不经意地发现：石上松、松抱石、夫妻松、母子松、兄弟松、连理枝，麻花树、Y型树，前呼后拥，目不暇接，由不得让人驻足留连，感慨自然造化之神奇。行走山间，还可看到，巨石遍布，怪状奇形，不倒翁石、仙人石、乌龟石、野猪石、鲤鱼石、猴子石、青蛙石等，斗异争奇，栩栩如生，让人仿佛进入动物世界。骨脊山之独特和神奇，让人顿生怀远之雅趣，骤发思古之幽情。

在绵延不绝的莽莽吕梁群山中，一座最高耸挺拔、傲然矗立的便是骨脊山。所谓“横看成岭侧成峰”，不同的人对同一件事物有着各自的评价，对待骨脊山亦如此。除了“天地之骨脊”，还有人将其誉为“五岳中轴之望脊”。此外，它还是大禹治水祭天的地方。

骨脊山，这座承载着丰富历史与文化的山峰，不仅仅是一处自然景观的瑰宝，更是中华民族精神与文化传承的重要载体。在漫长的历史长河中，无数文人墨客曾在此留下他们的足迹与诗篇，将骨脊山的壮丽与神秘融入到了中华文化的血脉之中。1943年11月，陈毅当时的职务是新四军军长，遵照党中央、毛泽东的指示，赴延安参加党的七大。一路上突破重重封锁，历尽千难万险，于1944年2月抵达吕梁境内骨脊山下，面对雄伟壮丽的吕梁山、骨脊岭，陈毅诗意大发，写下了《过吕梁》等三首诗作，其中的《过骨脊岭》如下：

我过骨脊岭，于此见吕梁。林深木亦茂，到处风雪扬。
雪积量腰短，冰坚铺路长。同行屡颠仆，我亦倒地忙。
山行四十里，遍体湿衣裳。村舍生新火，煮酒暖心房。
嗟嗟吕梁路，一片白茫茫。居民为我言：君等多吉祥。
顷间有骡夫，载重心惶惶。烈风卷地来，牲口倒路旁。
风推雪覆盖，人骡须臾亡。仅得抱尸归，至今哀满堂。
我闻居民言，惊悸逾非常。回忆晨间事，风雪何猖狂！
狰狞逞万态，其势如虎狼。失足判生死，稳步慎勿忘。

更为独特的是，骨脊山作为吕梁山脉的主要一部分，其名称本身就蕴含着深厚的文化意蕴，既是对山势连绵如脊骨的形象描述，也是古代先民们对这片土地的独特理解与命名。它见证了中华民族从远古时代走来的艰辛历程，也承载着先民们对自然的敬畏与崇拜。

卦山归来不看柏

【卦山】

卦山交山阳，孤峰独崔嵬。下眺一气中，棱棱露岩崖。

森如六爻列，错若诸卦排。我来正雪霁，寒空无纤埃。

群峰皎练明，万柏攒一苔。远见介山巅，干霄白皑皑。

近瞩交城城，微茫辨楼台。文峪下西溪，汾川自东来。

连山走黄河，屏扆却抱回。谁言万家县，形势亦壮哉！

这些选自清代学者潘耒《卦山》中的诗句生动地描绘出卦山的山形走势和气象万千的雄浑气魄。

卦山素以“山形卦象”而闻名于世，与八卦太极图天然吻合，爻峰环拥，卦象天成，蔚为壮观。卦山的古柏多扎根于悬崖绝壁，钻岩抱石，姿态各异。其树皮粗糙，长满木瘤，昂然挺立，四季常青。其外形千姿百态，有面目凶悍的虎头柏，有对比鲜明的黑白二仙柏，有张牙舞爪的龙爪柏，还有精巧活泼的绣球柏。清代时，曾有人将“黄山之松、卦山之柏、云栖之竹”，列为华夏树木奇观。

山西『阿勒泰』【云顶山】

离石区信义镇东北端有一座逶迤的大山，山峰虽然陡峭，山顶却平坦广阔。常年多云，半山腰时常阴云密布，山顶则碧空当天，故名“云顶山”。

吕梁『小瑞士』【苍儿会】

苍儿会生态文化旅游区位于文水县城西北40公里，总面积360平方公里，是国家级森林康养基地。

这里森林葱郁，溪水潺潺，鸟语花香，绿草遍布，植被覆盖率极高，野生动物多，植物种类繁，森林资源丰富，自然景观独特，享有“北方植物园”之美誉，是藏在吕梁的“小瑞士”，是天然的空调氧吧，非常适合避暑度假。

# 九泽之一【世泰湖】

远古时候，天下有九泽，“昭馀祁”为九泽之一，号称“昭馀祁泽薮”。如今，世泰湖便是其最后遗存。

世泰湖，来自汾河，居汾河河堤西岸，湖水宽广苍茫，波光潋滟。湖北岸有牡丹园、葵花园、月季园，还有荷花淀，百花芬芳，争奇斗艳。比邻的采摘园中，瓜果梨桃，蔬菜丰收，荷叶掩映。湖心有湖心岛、月光岛、日光岛，水草摇曳，鱼儿跳跃，水鸟唧唧。湖南岸的果园、木屋、钓鱼池更是一番“亭台楼阁廊坊人间仙境，水岛湖岸鱼虫花鸟北国江南”的景致。

## 临山傍水 皇家园林

### 【上林舍】

汾阳上林舍在汾阳城西北部15公里处，是秦代的一个旧苑遗址，汉武帝刘彻于公元前138年将其扩建为林苑上林舍，规模宏伟，宫室众多，临山傍水，空气清爽。这里的林泉沟，长约7000米，宽约100米，林丰果茂，藤缠树绕。泉水穿古村而过，入树林宫室古屋，长年淙淙，清澈透明。游人走进这世外桃源，可以坐石凳，品美食，湖心小酌，河边垂钓，古院休憩，尽享天上人间般的美好时光。

# 古驿道边桃花笑 石窟深处藏幽梦

## 【三十里桃花洞】

阳春三月，三十里峡谷桃花争奇斗艳，如一张巨大的花毯铺满沟壑，芳香四溢。盛夏时节，溪流匆匆，落英纷飞，彩蝶飞舞，一个缤纷的清凉世界。金秋九月，漫山遍野的仙桃和核桃缀满枝头，给人们带来丰收的喜悦。

峡谷地处汾阳城西16公里处，有一条高山峡谷中的秦晋古驿道。古道两侧石壁峻峭，危岩高耸。峡谷一侧峭壁上的二石窟中，有凿于北魏的摩崖造像。每年三月，山桃花于两侧的石壁山崖上竞相开放，彤红如霞。

## 佛教道教和孝亲文化结合地【金龙山】

“前襟胜水，左涌清泉，山形层叠，恍矗青云之梯，庙貌巍峨，俨开龙门之遥。”这是古人对孝义金龙山的赞美。它位于山西省孝义市高阳园区南岸，北临下堡河，南靠省道孝石线，与孝义市湿地公园、晋商古驿道、临黄塔、胜溪湖森林公园等景点形成一条特色文化旅游路线。

# 【孝河国家湿地公园】

孝河是孝义市境内最大的河流，亦称“孝子河”，后又称“胜水”“胜溪”。孝河，其上游由兑镇河和下堡河两大支流供给水源，至薛家会村合流，到了崇源头，又接纳了柱濮河和东许河，至旧城，又吸纳了曹溪河，东流至芦南村东南，入文峪河，汇入汾河，最后奔向黄河……

孝河国家湿地公园水域面积3.28平方公里，共有四个门，为贞观门、吐京门、善吉门、时代门。一进吐京门，便可以望见河对岸的浮船码头、九曲栈桥、孝汾大桥。接下来，游人便可穿芦苇荡，过状元池，观洗砚池和龙王圣庙，在观鸟亭小憩后，走鸳鸯湖、月老潭，徜徉于古木栈道、慈爱湖。这里的孝亲池、月亮湖、水葱池虽然都是“水乡泽国”，但各有特色，情趣迥异。出湿地公园，入胜溪湖森林公园，该公园占地约160公顷。凭栏远眺，近水临风。湖，明镜一般横荡城市之中。孝河，像一条缎带轻轻拂过。

# 华北第一险洞【白马仙洞】

在离石区与中阳县的交界处，群峰拱翠，松柏漫山，郁郁葱葱，卉草争艳，百鸟争鸣。就在这九凤山原始次生林区的洞口林场，一片汪洋似海的茂密绿林中，有个白马仙洞。

白马仙洞幽邃深远，别有洞天，宽窄交替，蜿蜒曲折。被称为“华北第一险洞”。已经探明有八洞，洞中套洞，景中生景，深而险，险而奇。宽处，可走阅兵方队；窄处，不容一人通行，如猛虎挡道。洞内时常白云缭绕，击石有声。入洞游览，如腾云驾雾，误入仙境。游人入洞，一进一出，数小时之间，便有四季交替之感。一路拾阶而上，一口气爬完，险象环生。

溶洞内形态各异的钟乳石晶莹剔透、姿态万千，在灯光的掩映下散发出五彩斑斓的奇幻景象，让游人仿佛置身于色彩斑斓的梦境。

四十里跑马场【西华镇】

西华镇草原旅游区距吕梁市区约50公里，位于吕梁山脉主峰的云顶山东侧。海拔2200多米。因山上有40里草滩，故又称“四十里跑马场”，面积共有2万多亩，森林占60%，草地占40%，是一处天然优质草场。夏季来临，整个草原遍地香花异草，蓝天白云下牛羊穿梭其间，美不胜收。

『寿』字巨书如点睛 【白龙山】

岚县白龙山因白龙神的美丽传说而得名，素以“无泉不清，无石不奇”享誉天下。沿着普明河逆流而上，穿过绿野平畴，来到白龙山脚下，便是白龙潭。普明河水清澈见底，蜿蜒曲折，穿越乱石，绕过丛林，水石相映，素带缠绿，一路向东，欢笑汇入岚河。

进山门，登山，可见“龙门伏虎”“龙山雄鹰”，再见“石驼送母”，奇峰耸秀，真是“群峭碧摩天，逍遥不记年”。沿着石骆驼的驼峰远望便是“结缘谷”“桃花嫣然谷”，谷底溪水流淌，山坡桃树丛丛。登石砌步道，进“妙笔丹青谷”，石壁上山水万象，层次纹理清晰，若入迷雾城山，见海市蜃楼。进三星院、逸仙阁后，登上最陡峭的石阶，就见“白龙圣境”，凭栏远眺，仙山云海，犹现白龙神降福惩恶之景观。

## 【土豆花风景区】

岚县地处晋西黄土高原腹地，黄土覆盖很厚，有的地方深达几十米，且土质疏松，属温带干旱半干旱地区的大陆性季风气候。得天独厚的地理、气候条件孕育出了优质的岚县土豆。经国家权威机构测定，岚县土豆干物质淀粉含量为22%~24%，高出全国平均水平3%~5%，同时富含维生素、蛋白质等营养成分。

岚县土豆色泽光鲜，不容易腐烂，耐贮藏。土豆花有紫色、白色、粉色，形似玉立的水仙，清香怡人。每年的7月中旬至8月中旬，岚县就成为土豆花的海洋，花朵随风起伏，蔚为壮观。

# 雾气缭绕 如诗如画【抖气河】

柳林县有一条清河，蜿蜒向西，行40里注入黄河。奇特之处在于隆冬季节，河上却蒸气袅袅，天空中云雾缭绕，河畔竟有少女浣衣。仔细观察，河中有鸳鸯戏水，白鸽翩翩。仰目远眺，山顶上古寺威严，晨钟敲响。这幅画面真可谓“清河抖气蒸云寺，古刹飞鸽觅水天”。这就是柳林人所说的“抖气河”。

抖气河景区，以抖气河为主线，南有玉虚宫，北有香严寺，前有双塔寺，后有钟楼山。冬天，来到柳林，看水汽蒸腾的河，会给你另一种温暖的体验。现在的清河，已是清河文化雕塑园。在体验抖气河的同时，细细品味那些雕塑，便能真切体验到黄土情、黄河魂、清河韵，感受到此地久远的文化。

中国最美十大峡谷之一

【晋陕峡谷吕梁段】

在吕梁山的峰峦起伏间，有一个枣树成林、黄河奔涌、渡船乘风、窑洞倚山的去处。

黄河从北向南，一路洒下数十个渡口码头。三交渡口在柳林县与石楼县的交界之处，对岸是陕西的绥德县与清涧县的交界处，自古有“鼓击震两省，鸡鸣惊四县”之说法。黄河流经这里四季摄魂，处处动魄。春回，黄河流水，似万马奔腾；夏归，黄河怒潮，惊涛

骇浪；秋至，黄河深啼，乃洪钟大鼓；冬来，黄河凌汛，似银蛇舞蹈。

到了这里，你一定要坐上游艇，在黄河中尽情冲浪。河中浪花翻滚，游艇起伏跳跃。两岸，峭壁凛立　奇石夺目。远处的山上，忽然飘来了妹妹的“摇三摆”、哥哥的“亲圪蛋蛋”的歌声，山歌动听醉人，恍若画中，犹如梦中。

在波澜壮阔中放歌

【黄河母亲峰景区】

黄河是中华民族的母亲河。她浩浩荡荡，一泻千里，哺育了一个伟大民族，也孕育出了屹立东方的灿烂文明。

柳林县三交镇有这样一处名为“黄河母亲峰景区”的地方。柳林三交古镇黄河码头内，古老的木船和现代化的游轮、游艇、快艇停泊一处，让游人感受到古老与现代的交融。这里的黄河沙滩浴、黄河滑浪、黄河踩泥、河滩觅石等项目，让人们真切体会到黄河母亲的温暖、柔软与细腻。黄河沿岸的石像、土金碛、狮虎峰、避难狐、报警鹰、古堡、古寨、烽火台、天然壁画等或天然或人工的造像则给游人以视觉享受。

茂柏松林

【柏洼山】

“前洼多茂柏，后洼复松林。既无樵苏扰，亦鲜醒荤寻。高步取微径，香绿渡素襟。大石任坐卧，古藓天花茵。”这几句傅山先生吟咏柏洼山的诗句真切地描绘出这里的绝美胜景。柏洼山坐落于中阳县，除了龙泉观、龙泉湖、仙明洞、石堡寨四个景点外，到处沟沟洼洼、梁梁峁峁，长满了柏树，四季常绿，青翠欲滴。

高山草甸 【上顶山】

如果没去过青藏高原，见过那里无垠的高山草甸，你可以来上顶山。如果没去过大小兴安岭，陶醉于茂密的原始森林，你可以来上顶山。

中阳县正南方的上顶山拥有天然的高山草甸，气势恢宏。绵延百里的群山更是丛林茂密，其间还点缀着鬼斧神工的万丈沟壑和千姿百态的奇石。

## 绝壁庙宇 悬崖飞瀑

### 【云梦山】

去了交口，不能不去云梦山。云梦山位于交口县石口乡境内，素有“云梦仙境”之称。

云梦山峰高崖险，整座山崖犹如被一把硕大的利铲铲了一样，崖壁光滑，向外突出，崖腹向内微收，其景惊人。峭壁之上有诸多岩洞，隐藏着许多美丽传说。三清殿、玉皇庙、财神庙、水母娘娘庙，依山势而建，外殿为木檐，内殿为洞窟，建筑风格迥异。远远望去，庙观巍峨，疏密有致，点缀于悬崖峭壁中央。云峰观是其最大的建筑物，观内有一洞穴，叫“龙泉洞”。洞深而幽，神而奇。

龙泉瀑布位于云梦山悬崖凹处，水流从豁口处飞坠而下，落差达40余米，是吕梁山上落差最大的瀑布。龙泉瀑布冬季更壮观，瀑布冻结成巨大冰塔，高30余米，琼楼玉宇，玲珑剔透。

# 悠久古樂

太符观

晋西高原，黄土漫漫，峰峦如涛，绵延不绝。黄河巨浪，呼啸汹涌，亘古不息。

神秘而不知其踪的方国文化，悠远古老的忠义精神，以及富甲一方的财富传奇，无不印证着吕梁厚重的历史、灿烂的文化，可谓“苍颜古风，可夺骚客之笔；人文史话，一贯百代风流”。

吕梁文物古迹众多，其中，出土于石楼县桃花庄的龙形觥，属国家一级文物。相传它是姜子牙的岳父为了做诅咒商纣王的法事而专门铸造的，出土这件文物的古墓，就是姜子牙的岳父的墓葬。中国历史上最强盛的两个朝代汉和唐，其重要遗迹在吕梁都有出土，而元、明遗物在吕梁则更是“随地遇见”。20 世纪 30 年代，在山西考察古建筑的梁思成、林徽因几乎就是沿吕梁山脉一线循迹。在汾阳护国灵岩寺，梁思成回忆，“东首一尊且低头前伛，现悯侧垂注之情，此时远山晚晴，天空如宇……”在柔和的氛围中，梁思成用随身携带的徕卡相机抓拍下了林徽因仰头与铁佛对视的动人瞬间，后来成为一张众人皆知的照片。相片记录了一场美丽的邂逅，一个低首垂顾，一个仰首凝望，佛与人之间，是古今的对话，是历史的叩问。

俗话说，地上文物看山西，地下文物看陕西。此话不假。地上的文物不用看整个山西，就是吕梁已经让人目不暇接了。这里有静卧于绝壁悬崖之中被群山环抱的安国寺、有供奉着华夏人文始祖伏羲、神农、轩辕且保存完好的三皇庙，有结构完整、规模宏大的楼式古建筑中阳楼，有山西第一高砖塔文峰塔，有汇聚了线条优美的彩塑、悬塑和壁画的太符观，有栩栩如生、千姿百态的千佛洞……

# 汉画像石

## 【吕梁市博物馆】

吕梁市博物馆（原吕梁市汉画像石博物馆）以汉画像石为基本陈列，同时陈列有青铜器、陶瓷器等文物精品。汉画像石、商周青铜器多数为国家一、二级文物。2003年，吕梁市汉画像石博物馆的“铁笔绣像浪漫汉风——吕梁汉画像石艺术展”荣获全国十大陈列展览精品奖，成为山西省第一个获此殊荣的博物馆。2024年重新改陈后的吕梁市博物馆以“西河汉韵，铁笔丹青”为展览主题，运用多媒体技术与传统展陈相结合的方法，采用“唤醒·唤起”的布展策略，深挖展品背后的故事，打造丰富的展演空间和有趣的体验空间，唤醒人们对历史的记忆和对当下的思考。

马茂庄二号汉墓

青铜酒器存世孤品

【龙形觥】

龙形觥于1959年出土于山西省石楼县桃花者村，器物高19厘米，长43厘米，宽13.4厘米。长腹弧鼓，后端截平，背部为弧曲形长盖，内有横榫与器腹扣合。器身遍饰华丽精美的图案，盖面为逶迤的龙身，与器物前端的龙头相衔接，两侧衬以漩涡纹和云纹。器身口沿外附有两对贯耳，用来把龙形觥吊起加热酒，另一端没有封口是用来散水蒸气的。器物底部有长方形矮圈足，放置平稳，整体如一停泊的龙舟，造型独特，独具风采。

千年古刹 古建精华 【天宁寺】

天宁寺在树木茂密的卦山风景名胜区，创建于唐贞观元年（627），后经历代扩建和重建，现存多为明清遗构。相传，印度僧人华严法师曾在此讲经说法。贞元二年（786），河东节度使李说夫妇捐赠巨资，由道融法师主持修筑天宁寺，使其成为华严宗名刹。山门内两廊，有古唐碑、明铁碑、历代重修碑。其书法或苍劲挺拔，或饱满稳健，颇见功力。

## 净土祖庭【玄中寺】

玄中寺，位于交城县城西北10公里的石壁山中，故亦称“石壁玄中寺”，或“永宁寺”，创建于北魏孝文帝延兴二年（472），是佛教净土宗祖庭。

玄中寺依山而建，坐北朝南，于三个梯次逐级抬高。前院、中院、后院，层次分明，层层高耸，酷似重楼。所有大殿均为歇山顶，有鲜明之明清建筑特点。秋容塔雄居寺东山巅，为宋代遗迹。

寺内有历代碑碣48通，包括北魏、北齐和隋朝的造像碑，唐朝的戒坛碑、寺庄山林四至碑、石壁寺铁弥勒像颂碑，以及宋元明清的碑刻，数十座。寺内还有罕见的八思巴文圣旨碑，刻于元至元八年（1271），阳面是八思巴文，阴面是汉字正书。

玄中寺还有四绝——毛竹、牡丹、花椒、枣树。或许是沾了佛的灵气，毛竹竟然在高寒干燥的黄土高原上长得郁郁葱葱。牡丹是花中富贵，香气沁人，让人不禁想起散发富贵之气的慈悲女子。花椒是百姓日常生活的象征，居然长得比农家院落里栽培的还格外水灵，疑是得到了佛的庇护。枣树也是枝繁叶茂，嘉果满树。清幽的禅院里，隐隐地，飘逸着人间的烟火气息。

大慈大悲

佛教之宗

全国唯一女皇庙宇

【则天庙】

则天庙，即武则天纪念馆，在文水县城北南徐村北，西傍吕梁山，东靠文峪河，面积不是很大，从中轴线上看，有山门、雕像、戏台、正殿，是全国唯一的一座女皇庙宇。则天庙创建于唐代，现存结构是金皇统五年（1145）重建的，但是，殿内与殿顶部依然保存了一对唐代金柱与部分唐瓦唐砖。殿内架构采用三角形组合与杠杆原理，分散了顶部对大梁的压力，故大梁跨度很大，被建筑专家评为唐宋建筑中之杰作。庙内有武则天政绩陈列、武则天家族史料陈列和国内与武则天有关的名胜古迹资料和文物陈列。

山西最高砖塔

【文峰塔】

文峰塔是山西现存砖塔中最高的塔，位于汾阳城东20公里的建昌村。明天启二年（1623），进士朱之俊率众集资而建。朱之俊，汾阳人，曾任明、清两代国子监司业。

文峰塔为砖结构，占地面积217.8平方米，外廓平面八角形，塔层之间以塔檐相隔，其以砖雕椽、飞斗拱组成，共13层，每层中有12生肖塑像，现已毁。1924年地震，第13层东北角被毁坏。

文峰塔塔室之间，由阶梯塔道相通，转折回廊式。外廊塔壁与内室塔壁组成套筒建筑。塔座为须弥座，条石砌成，石条上雕有竹节、仰莲、卷草图案。塔身由青砖砌筑，共有斗拱512攒。塔檐翼角升起，出檐极短。整个塔身上下层之间，收分显著。如今，塔体已倾斜，俨然是东方的“比萨斜塔”。

## 彩塑悬塑令人叫绝【太符观】

太符观位于汾阳市杏花村正东1公里，与杏花村源远流长的酒文化遥相呼应。太符观为道教庙宇，主要建筑有正殿、山门、配殿。各殿内的彩塑、壁画、悬塑、盘龙等文物保存完好，神态各异，栩栩如生，其文物价值和艺术价值极高。太符观有品位高超的建筑群体，有线条优美的彩塑和令人叫绝的悬塑，还有精美绝伦的壁画以及记载翔实丰富的碑碣，它包含了丰富的道教内容，同时也是中国古代杰出的美术作品。

## 元代遗构【三皇庙】

三皇庙，在孝义城区贾家庄村，亦称圣祖庙，现存建筑为元代遗构。三皇殿内所祀“三皇”，即太昊伏羲——天皇、炎帝神农氏——地皇、黄帝轩辕氏——人皇。

三皇庙，坐西朝东，南北宽59米，东西长84米，两进院。中轴线建有乐楼、三皇殿。头院空阔，北角设砖券山汀。二进院北角设掖门，为一、二进院的出入通道。两院落差较大，掖门前设踏步缓解。大殿面阔三间，进深四架椽，梁架为三椽，有三柱，前压搭牵，单檐硬山顶前廊式。殿门上有匾额，书“三皇庙”。殿内有三皇塑像，仍存元代架构。两侧配祀古代十大名医——岐伯、淳于意、韦善俊、华佗、葛洪、雷公、张仲景、皇甫谧、孙思邈、扁鹊。山墙绘有“行医图”壁画。

大殿正面有乐楼，坐东向西，面阔三间，进深五架椽，单檐卷棚顶。前后台隔架和顶棚为木质，有彩画。台口四周有木雕、砖雕、石雕，为清代遗构。上高悬1919年匾额一块，晚清书法家秦龙光书“海市蜃楼”。乐楼藻井上彩绘梁山好汉一百零八将。前后台间，镶嵌大玻璃，时有“玻璃戏台”之美誉，曾形成邑内外“为看戏台而看戏”之时尚。

三皇廟
朝聖門

三皇大殿
三皇廟

山西最大的楼式古建【中阳楼】

孝义旧城，即古县城中央大街，有中阳楼。始建于汉魏，时值中阳县治于此，故名。其楼四面临街，为过街楼，楼体为平面方形，四层四檐，全木结构，十字歇山顶式，五彩琉璃瓦覆盖。楼高23.14米，坐落于四个石砌墩台之上，其3米见方，1.5米高。底层高5米，通穿四向。墩台设楼梯，列碑刻。藻井绘文王八卦。二层高3.64米，中建神台，列四方佛坐像，后被毁。三层高4米，中设莲花台，塑有观音大士泥像，后被毁。四层高3米，中空无物，可凭栏远望。顶高4米，吻高2米，一色琉璃脊兽铺砌。

楼内，藻井富丽华美，结构合理，绘有《封神榜》《水浒传》《岳飞传》等人物故事，具有较高的历史价值。楼外，悬挂大小牌匾14块，南向一檐下，中匾书“中和位育”，侧匾书“带汾水”“襟霍山”。南向二檐下，中匾书“行孝仗义”，侧匾书“向南斗”“衔衡岳”。北向一檐下，中匾书“光被四表”，侧匾书“控云朔”“位中枢”。北向二檐下，中匾书“纵览四宇”，侧匾书“倚太恒”“拱北极”。南北四檐下各悬“中阳楼”匾。一楼南向檐柱上，挂一木刻对联，“孝为人之本，义乃君子宗”。

道教圣地 明代壁画

# 【凤山天贞观】

离石凤山，又名“三阳云凤山”。据《永宁州志》记载：“三阳者，取日光自卯至酉咸照之义；凤者，取山色与形有丹凤朝阳之义；云者，取离石闲云常依此山之义。”

天贞观，又名凤山道院，坐落在离石区滨河北路东川河畔凤山山腰，环抱于苍松翠柏之中，殿宇巍峨，楼阁高耸，石阶通天，草木葳蕤，以“名山仙境”著称。天贞观初建于元末，后遭兵火焚毁，明景泰元年（1450）重建，后经历代重修扩建才有了今日的规模。天贞观坐北面南，分上、下两座院，红墙灰瓦，飞檐斗角，依山就势，错落有致，布局疏朗，视野宽阔。

# 一代廉吏于成龙读书地【安国寺】

安国寺曾经是一代廉吏于成龙的读书地，在离石城西的乌崖山麓，创建于唐贞观十一年（637），原名安吉寺。该寺依山而建，错落有致，主院分上下两层，偏院分内外两进。

大雄宝殿面阔五间，进深三间，单檐悬山顶，供奉三世佛。佛像高4.8米，内有清代壁画60平方米。楼面宽三间，进深二间，单檐硬山顶。

寺后百米崖下有莱公别墅，建于雍正三年（1726），为于成龙之孙于准所建，上有悬崖、绝壁、飞瀑。山腰间有人工凿的石室，40余间，为窑洞式建筑。

寺院围墙高低起伏，石头砌筑，高处达21米。远观安国寺，俨然一座古塞城堡，造型奇崛，风格别具。

九曲黄河第一镇

【碛 口】

碛口因“大同碛”而闻名。从碛口再往下游走，黄河河道中有暗礁和激流，落差巨大，船只不适合通行，成就了碛口“九曲黄河第一镇”“水旱码头小都会”之美誉。碛口从清朝的乾隆年间开始兴起，此后200余年一直是中国北方著名的商贸重镇。

依照古镇功能，碛口划分为三大区，西市街（后街），以码头、大型粮油货栈为主；中市街，以银行等服务业为主的高档商业区；东市街（前街），以骆驼骡马运输店为主。

九曲黄河第一镇

历史的辉煌，留下了灿烂的文化。古镇依然古色古香，脚下是石板路，两边是高圪台，老店铺、老字号、老房子上有明清风格的砖雕、木雕、石刻，到处是文化，遍地见艺术。漫步在五里长街上，仿佛穿越了一个时空隧道，一下走进了历史，一切都那么悠远、深沉、厚重。

天聚隆
大德通票号
兴胜韩药材
文记美孚煤油

黑龍大王神祠

## 吴冠中三大发现之一【李家山】

李家山村，在碛口古镇对面的大山里。它隐于大山深处，空灵幽雅，外部看像一座荒凉的汉墓，一进去是很古老讲究的窑洞。古村相对封闭，像与世隔绝的桃花源。据《李氏家谱》载，李家山李氏于明成化年间由临县下西坡迁此。按照晋商规矩，经商者不得携带家眷，于是其赚钱后，回家盖房，渐成现存民居群落。这个中国历史文化名村是著名画家吴冠中一生的三大发现之一，也是各大美术院校师生、美术和摄影爱好者采风创作的好地方。

村是一座院 院是一山村 【西湾村】

西湾村位于碛口镇的东面，湫水河向西拐弯的地方。据西湾家谱记载，始祖陈先漠于明朝末年从方山县岱坡村迁于此地。第三代“三”字辈陈三锡经商发达后，大兴土木，方有西湾村雏形。其背山面水，避风向阳，居于两山之间，依山而建。西湾民居整体设计奇特，整个村落由五条南北走向的竖巷分隔开来，这五条竖巷寓意为金、木、水、火、土五行，每条竖巷里的宅院都可以互相贯通，只要进入一座院落，就可以游遍全村，可谓“村是一座院，院是一山村”，体现了人与山地的完美和谐，是具有独特风格的立体交融式乡土建筑的典范。

## 【黑龙庙】

黑龙庙位于碛口古镇的最高点——卧虎山上，里面供奉着黑龙、风伯、河伯，是保佑往来船只平安的地方。这是一座创建于明代的寺庙，雍正年间增建乐楼，道光年间重修正殿和东西耳殿，是碛口古镇的标志性建筑。倚在庙廊环视周围，可见滔滔黄河奔涌向前，湫水河蜿蜒曲折，古老的碛口镇尽收眼底。据说，这里的乐楼音响效果奇佳，声音清脆，响彻数里，故有“黄涛共鸣，湫水助唱”之说。

## 一万零八十尊佛像【义居寺】

千年古刹义居寺位于临县三交镇枣圪垯村，北魏创建，旧称“佛堂寺”，处于当时县辖义居都，故又称“义居寺”，居临县十三官寺九下院之首，且在金元时期号称中国民间第一寺。该寺坐西向东，建筑面积5981平方米。正殿为元代遗构。山门、前殿为明代建筑。藏经楼为清康熙五十二年（1713）重修。万佛洞为唐代遗存，是一个开凿、雕刻、塑像艺术的综合体。义居寺14座建筑物规模宏大，布局紧凑，气势雄伟，蔚为壮观。

《汾州府志》记载："正觉寺，在临县城西九十里，汉建，一云金泰和三年(1203)建。古柏森列亦胜境也。"其实际情况是，西周穆王时代(前1009—前954）有印度大德檀那在临县小甲头创建了佛教寺院，名曰"正觉寺"，传播弥勒佛教，形成道佛融为一体的宗教圣地。正觉寺的"十二连城"是十二株唐柏，粗大无比，生长在临县曲峪镇正觉寺的一道黄土梁上。"十二连城"与正觉寺的庙宇是同一个历史时期的产物，由于建筑较早，规模较大，明末清初时被官府认定为"十三官寺"之首。

# 古刹飞鸽览水天【香严寺】

香严寺位于柳林县城东北处，前有抖气河环抱，后有佛塔山倚背。寺坐北朝南，始建于唐代，现为元代遗存。周为堡式墙垣，内分七院十二殿，有大小殿宇120余间，占地面积6160平方米。寺内有三宝：铁杆高梁，大约3丈，粗约2.5厘米，横七竖八立于正殿间；风磨铜佛像，高约1米，存于正殿；山门前有鸽群，故当地人亦称此寺为“鸽子寺”。

## 大禹治水停摞处

## 【南山寺】



寺临黄河，遥望数十里，奔涌而来；寺坐山麓，古柏成林，环围四匝，望之如屏。这便是柳林县南山寺所处的险要位置。

南山寺始建于唐贞观十三年（639），金大定年间敕赐“灵泉寺”额。清乾隆年间遭火焚毁，嘉庆年间重修，道光年间补葺。寺坐北朝南，长99.3米，宽42.6米，占地面积8860平方米。寺西和南两侧有僧塔600多座。源神殿中间供奉的是大禹，偏殿里供奉着大禹的父亲鲧。寺后山顶上有一地坛，上有禹王石，碑记：“禹王石，大禹治水停摞之处。”

印度婆罗门教传入中国唯一最早寺庙

【千佛洞】

交口县的千佛洞在林木茂盛的山峪中。峪深邃，古时有白须老人居之，出入隐现，人莫能测，百姓叫“山神”，故名神峪。峪西侧山下凿有石洞。洞为二进四合院，有山门、过殿、大雄宝殿、九间楼、舍利塔等。洞中有1055尊栩栩如生、形态各异的石刻佛像，因而得名“千佛洞”。千佛寺历史文化源远流长，经考古专家考证，千佛寺始建于元代，是印度婆罗门教传入中国的唯一最早的寺庙。

# 咸丰皇帝御赐

## 【韩极石牌坊】

在交口回龙乡韩家沟村，有韩极石牌坊，造型华贵富丽，十分奇特。相传，乾隆年间，韩家沟村的贫苦农民韩极独闯乌鲁木齐经商，后成为当地商业巨贾。其与咸丰皇帝之弟八王爷私交甚好。在八王爷的提携下，其被诰封奉政大夫、国子监大学士，并予赐世袭“骑都尉”。咸丰四年（1854），韩极病故后，经咸丰皇帝御赐，在韩家沟村中河畔建造了这座仿木结构的石牌坊，共雕刻592个汉字，并雕刻各种图案，有人物、山水、狮子、花鸟、鱼虫、八仙贺寿、万国来朝、喜鹊登梅等等。整个建筑群的纹饰呈现出富贵美好，极尽奢华，突出了韩极显赫的地位。

生的伟大
死的光荣
毛泽东题

# 英雄吕梁

# 生的伟大 死的光荣

毛泽东题

表里山河，造就了山西独特的风貌、独特的人格力量。

先人曰，山险则太行，水恶则吕梁。刚烈、奇崛、直率是它写进骨髓的性格。

在近百年的新民主主义革命和社会主义建设过程中，这片热土铸就了吕梁人“对党忠诚、无私奉献、敢于斗争”的吕梁精神。“吕梁精神”作为中华民族精神的重要组成部分，是吕梁人民宝贵的精神财富。

在革命战争年代，吕梁儿女用鲜血和生命彰显着这一精神，有力地支援了中国革命。在社会主义现代化建设时期，吕梁精神也发挥着独特而巨大的作用，推动吕梁老区面貌发生了历史性变化。

2017 年 6 月 21 日，习近平总书记到吕梁考察调研。他强调指出，“革命战争年代，吕梁儿女用鲜血和生命铸就了伟大的吕梁精神。我们要把这种精神用在当今时代，继续为老百姓过上幸福生活、为中华民族伟大复兴而奋斗。”

吕梁精神与红船精神、延安精神、西柏坡精神、太行精神等一脉相承，接力发展，共同构成了中国共产党完整的精神谱系。

革命先烈流血牺牲打下的红色江山，今天的吕梁人必将守护好、建设好，赓续红色血脉，续写新时代的“吕梁英雄传”。

# 【晋绥边区革命纪念馆】

兴县蔡家崖乡蔡家崖村有个“花园院”，原为晋绥开明绅士牛友兰先生的宅院和花园。1940年2月，这里成立了晋西北行政公署，后改名为“晋绥边区行政公署”，现在为晋绥边区革命纪念馆。

1942年，晋绥军区司令部暨120师师部移驻此院，在此成立了中共中央晋绥分局。从此，蔡家崖成了当时晋绥边区的首府，政治、军事、文化的中心，被人誉为“小延安”。晋绥党政军主要领导人贺龙、关向应、林枫、续范亭、周士第、李井泉、吕正操、牛荫冠等人长期生活和战斗在这里。中共中央领导人毛泽东、周恩来、刘少奇、朱德、任弼时赴西柏坡前，都曾路居此地。

晋绥边区革命纪念馆现存领袖路居旧居、晋绥干部会议旧址、毛主席对《晋绥日报》人员谈话旧址、“六柳亭”等，还有贺龙元帅汉白玉雕像纪念馆。馆藏文物4300件，主要为抗日战争以来的版本文献、近代文物实物及照片，设有晋绥边区革命斗争史陈列室、毛主席在蔡家崖革命活动纪念展览、贺龙元帅生平事迹展览等七个展室。

生的伟大 死的光荣

【刘胡兰纪念馆】

刘胡兰纪念馆坐落于文水县城东17公里的云周西村，始建于1956年，前身为刘胡兰烈士陵园，1957年1月12日在刘胡兰就义10周年时对外开放。1959年，改称“刘胡兰纪念馆”。1959年、1976年两度调整布局，重新整修扩建。现占地面积7.9万余平方米，总建筑面积6.15万平方米，位居全国个人烈士纪念馆首位。

走进大门，首先看到的是宽敞的广场，花坛中央耸立着高大的汉白玉纪念碑，碑的正面有毛泽东主席的亲笔题词“生的伟大,死的光荣”。纪念碑的背面镌刻着《中共中央晋绥分局关于追认刘胡兰同志为中国共产党正式党员的决定》。碑后是一座厚重而庄严的槽形建筑，近3000平方米。正面栏杆中央，悬挂着郭沫若所题馆匾“刘胡兰纪念馆”。纪念馆大厅内陈列着烈士的74件遗物，还有反映刘胡兰生平事迹的绘画、雕塑、照片、文献资料，以及国家领导人和文化名人的题词手迹。

这位牺牲时年仅15岁的三晋好儿女，以她的高贵品格、革命气节和英雄壮举，铸造了光照千秋的“胡兰精神”——追求真理，有坚定的共产主义信念和远大理想；对党忠贞，一切以党和人民的利益为重；爱憎分明，敢于和一切邪恶势力作抗争；不怕牺牲，勇于为革命事业英勇献身。

红军抗日先锋军东征山西

【红军东征纪念馆】

红军东征纪念馆位于石楼县城东征大街，依山而建，建筑面积3800平方米，主体建筑占地1100平方米。大门前，一个小红军战士的大理石雕像耸立当中,身背大刀，左手叉腰，右手拿起冲锋号吹奏，英姿勃勃。拾级而上，馆前正中央矗立着红军东征时期毛泽东造型的大型汉白玉雕像。再向上，但见一座平面凹字形纪念馆拔地而起，气势恢弘，造型优美。正面四根大理石方柱，巍峨高昂。上面是仿古四面坡式绿色琉璃瓦篷顶，古朴典雅，庄严肃穆。正中央上方悬挂着长方形牌匾，上书“红军东征纪念馆”鎏金大字，熠熠生辉。

红军东征的伟大壮举表明了中国共产党的抗日决心，推进了抗日民族统一战线的形成，也为后来八路军开赴山西建立敌后抗日根据地打下了坚实的基础。同时，红军东征所体现的伟大精神也成为我们民族的一笔宝贵财富。

# 『中央参谋部』和『后勤保障部』

## 【中共中央后方委员会旧址】

1947 年 4 月至 1948 年 5 月，中共中央后委机关在临县双塔村驻扎。2009 年，这里被命名为省级爱国主义教育基地。2019 年 10 月 7 日，被命名为第八批全国重点文物保护单位。

1947 年 2 月，蒋介石全面进攻解放区的计划已经破产，于是将进攻的重点直指山东解放区和陕甘宁解放区，企图消灭西北人民解放军、中共中央领导机关，迫使其东渡黄河。

1947 年 3 月下旬，中共中央后委机关从陕北迁到临县，领导机关驻扎在双塔村，其他人员驻扎在湫水河沿岸的 40 个村庄。这是一个庞大的机构，主要有军委参谋部，一、二、三局的一部分，军委总卫生部，中央办公厅，城工部，交际处，外事组，立法委，妇委，工委，还有部分家属子女等。此外，从国民党统治区撤回的干部也陆续到达这里，人员多达 5000 余人。

毛泽东同志路居
Comrade Mao Zedong's Rode Habitat
1948.3.24–1948.3.26

## 【中共中央西北局旧址】

临县中共中央西北局旧址位于吕梁市临县林家坪镇南圪垛村。

1947 年 8 月 18 日至 10 月 20 日驻临县期间，中共中央西北局与陕甘宁晋绥联防军、陕甘宁边区政府联动配合中共中央后方工作委员会，积极动员群众，全力支援前线，使晋绥解放区进一步成为陕甘宁边区的后方基地，在全国解放战争由自卫转入战略进攻的进程中发挥了关键作用。

2015 年，中共临县县委、县政府对中共中央西北局旧址的 2 个院落和陕甘宁晋绥联防军旧址的 4 个院落进行保护、修缮、布展。目前，有习仲勋、马明方、马文瑞等领导人的旧居可供参观。2017 年 3 月，南圪垛村被中共吕梁市委、吕梁市人民政府命名为吕梁市爱国主义教育基地。2021 年 11 月，山西省人民政府核定公布该旧址为第一批省级红色文化遗址。

中共中央西北局在此驻扎期间，做了大量的支前工作、群众工作，有力地支援了保卫延安、保卫陕甘宁的战斗，推进了全国解放战争的进程，稳定了后方，保证了生产建设和各项工作的正常运转，为解放全中国作出了重大的贡献。

【陕甘宁晋绥联防军旧址】

1947年8月，国民党25万大军围困陕北，进犯延安，贺龙、习仲勋根据党中央的战略部署，率部东渡黄河，进驻临县。中共中央西北局、陕甘宁晋绥联防军和边区政府机关，就近驻扎于南圪垛村、沙垣一带。当时，贺龙住在沙垣村。习仲勋住在南圪垛村。以叶剑英、杨尚昆为领导的中央后委机关则驻扎在双塔村。

在当时的危急与困难时期，面对国民党的经济严重封锁，陕甘宁晋绥联防军通过财政政策、土地改革等多种方式筹措军粮和物资，出色地完成了统筹后方、支援前线的任务，为西北野战军的南下提供了强大的后方保障，为解放战争西北战场转入战略进攻，提供了强大的后勤支持。

# 为人民利益而死虽死犹荣

## 【『四八』烈士纪念馆】

1946年4月8日，中共代表王若飞、秦邦宪（又名博古），为了向中共中央汇报请示，和新四军军长叶挺、中共中央职工委员会书记邓发、进步教育家黄齐生，冒着恶劣的天气从重庆飞返延安。同机的还有八路军军官李绍华、彭踊左、魏万吉、赵登俊、高琼，叶挺夫人李秀文及其子阿九、其女扬眉以及4名美军驾驶人员。下午，飞机在兴县黑茶山遇浓雾，迷失方向失事，机上人员全部罹难。当地百姓曾听到飞机声，由于黑茶山山高林深，方圆十五里无人烟，第二天村民上山打柴才发现失事飞机及人员遗骸。事后，毛泽东等中央领导亲笔题词撰文，沉重悼念。毛泽东主席题写：“为人民利益而死，虽死犹荣。”

为了纪念死难烈士，就在飞机失事的山脚下修建了“四八”烈士纪念馆。

山西第一个苏维埃政权

【中阳县苏维埃革命委员会旧址】

1936年2月21日，红一军团占领三交镇。随后，周恩来、闫红彦等红军领导在此成立了山西省第一个县级红色政权。同时进行扩军工作。当地青壮年踊跃参军，不仅给新编三十军补充了100余名战士，还先后建起了三交、坪上、宋家垣等16个村党支部和农民协会。同年3月中旬，三交镇再次被敌军占领，中阳县苏维埃革命委员会告一段落。尽管建立时间不长，但山西省第一个县级红色政权领导广大农民开展了轰轰烈烈的土地革命斗争，使广大民众看到了翻身求解放的希望。

# 青山有幸埋忠骨【刘志丹烈士殉难处】

1936年4月，红28军军长刘志丹和政委宋任穷率部东征驰骋山西。4月13日，毛泽东同彭德怀联名致电刘志丹、宋任穷：“二十八军有相机消灭三交镇、转角、辛关、义牒一带之敌，恢复黄河交通之任务。”接到电报，刘志丹亲自观察地形，严密部署战斗。三交镇是山西省通往陕北的一个重要渡口，敌人在这里设有坚固工事，并有一个团的兵力把守。4月14日，战斗打响后，刘志丹得知第一团攻击不顺时，立即来到指挥所，和该团同志研究突破敌军碉堡的作战方案。随后，他来到前沿阵地亲自指挥部队向敌人发起冲击。这时，一颗罪恶的子弹击中他的左胸，刘志丹壮烈牺牲，年仅33岁。他的英魂长眠于山西省柳林县三交镇（当时属中阳县）党家寨鳌子疙瘩。

天堑飞渡仍从容

【大麦郊红军东征总指挥部旧址】

红军东征总指挥部旧址位于交口县桃红坡镇大麦郊村中，占地面积2087平方米，建筑面积1650平方米。该址属典型的清代古民居建筑，为上下三进四合院砖券窑洞布局，依山就势，布局紧凑，设计独特，建筑精美，保存较好。1936年3月3日至16日，毛泽东率领东征红军总部机关在此驻扎，并与张闻天、周恩来等召开了中央政治局扩大会议，参加会议的有彭德怀、叶剑英、杨尚昆以及各军团首长林彪、聂荣臻、徐海东、程子华等30余人。会议分析了东渡黄河以来的政治、军事形势，决定在这一带集中兵力重创晋绥军。

高家沟高级军事会议纪念馆位于离石区交口街道办高家沟村，为清代四合院民居，坐西向东，占地面积1122平方米。西面有正窑5间，南北侧各有砖拱窑洞3间，东面议事厅为会议旧址，东北角为大门。“高家沟高级军事会议”是1946年12月16日，中共中央委托中央军委副主席兼总参谋长彭德怀、中共中央西北局书记兼陕甘宁晋绥联防军代政治委员习仲勋，传达中央军委和毛泽东为应对国民党蒋介石准备进攻陕甘宁边区的对策，部署陕甘宁边区、晋绥军区和太岳军区协同配合、联合作战，粉碎敌人进攻延安而召开的陕甘宁边区、晋绥军区和晋冀鲁豫的太岳地区高级干部会议。参加会议的领导有彭德怀、贺龙、习仲勋、陈赓、李井泉、王震、罗贵波等。

沁园春·雪

【留村毛泽东路居地】

“北国风光，千里冰封，万里雪飘……”这首《沁园春·雪》的名句在华夏大地上广为传诵。1936年2月，红军东征，在率领部队奔赴抗日前线的途中，毛泽东写下这首千古绝唱。1936年2月21日晨，毛泽东从陕西省清涧县西辛关渡河，在山西省石楼县东辛关登岸，当晚率红军总部50余人路居留村客栈。

沁园春·雪
北国风光千里冰封万里雪飘
望长城内外惟馀莽莽
大河上下顿失滔滔
山舞银蛇原驰蜡象欲与天公试比高
须晴日看红装素裹分外妖娆
江山如此多娇引无数英雄竞折腰
惜秦皇汉武略输文采
唐宗宋祖稍逊风骚
一代天骄成吉思汗只识弯弓射大雕
俱往矣数风流人物还看今朝
毛泽东

# 田园豆浆

吕梁的乡村旅游得天独厚。

这是一个山水如画、文化底蕴丰厚、革命传统悠久的地方。

说到山水，吕梁地处吕梁山脉中段，境内有北武当山、大度山、卦山、云顶山、骨脊山、庞泉沟等名山云集。黄河及其支流汾河、文峪河、湫水河、蔚汾河、三川河等从吕梁地区流过，形成了众多山水相依、湖光山色的绝美风景。

说到文化底蕴，这里有兴县李家山村依山而建的层叠老窑洞，有“吕梁迪斯科”美誉的伞头秧歌和旱船秧歌，有“庭院艺术”之称的孝义传统皮影戏，有中阳县农家妇女擅长的传统剪纸艺术，还有柳林的年画、文水的葫芦画、交城的堆锦……

说到革命传统，这里有兴县蔡家崖村的晋绥边区革命纪念馆，有文水县云周西村的刘胡兰纪念馆，有交口县大麦郊村的红军东征总指挥部旧址。另外，还有临县双塔村的中共中央后方委员会旧址，南圪垛村的中共中央西北局旧址，沙垣村的陕甘宁晋绥联防军司令部旧址，高家坪的陕甘宁边区政府旧址等等。

提到吕梁的乡村，人们再也不会将它们与贫穷落后联系在一起。如今，这里集美景、传统文化和革命传统于一身，成为吸引八方来客的福地。

大麦郊红军东征纪念馆

每天早上七点半，村里的大喇叭准时开始当天的广播。广播从开场的《贾家庄村歌》开始，旋律响起时，村里的大妈和小媳妇们已经跳完广场舞，收拾停当家里的活计；大街上，在石头饼摊、商铺、美食街、游客中心……习惯早起的贾家庄人已经开启了他们忙碌的一天，迎接着属于他们的车水马龙般的时光。

最美贾家庄在5月。在3000多亩的土地上，各种农作物开始拔节生长，在阳光的照耀下，闪着绿色的光芒；杏园里，杏花开过，青涩的小杏挂满枝头；采摘园中，草莓爆棚，裹着满满的香甜味道；生态园里，碧水荡漾，花团锦簇，游人如织……贾家庄，用最美的风景吸引着南来北往的游客。

如果说，在贾街上，你体验的是一种“流动的烟火”，在贾樟柯投建的《山河故人》餐厅，营造的则是一种“家”的感觉。在这里，既有“高大上”的宫廷系列汾阳八大碗，也有各种接地气的当地小炒，楼上楼下，每天食客都坐得满满当当。

贾街，当然也有它的中心。贾街的中心就在街尽头的大戏台。当人们品尝完可心的美食，会成群结队地来到这里。平日里，戏台上唱的并不是戏，而是游客们拼歌的舞台。台上的人用南腔北调轮流演绎着不同年代的流行歌曲，台下的人则听得兴致勃勃意犹未尽。

夜晚降临，贾街上依然人来人往。唯有夜空中闪亮的星星告诉你，这里是乡村！

肉夹馍

进入新时代，贾家庄的乡村旅游产业开始大踏步前行：2012年，贾家庄建成了全国最大的村级展览馆，现为山西省爱国主义教育基地；2013年7月，人民作家马烽纪念馆建成开放；2014年，创建国家AAAA级旅游景区——贾家庄文化生态旅游区；2015年，将运行18年的特种水泥厂改造为恒鼎工业文化创意园，煤磨车间改造成了“18·18恒记”展览馆，一个独具特色的“乡村798”呈现在世人面前。

同时，贾家庄还投资兴建了三晋民俗文化体验地——贾街，它有着明清风格的建筑、砖雕刻花的门楼、青砖铺成的街道、鳞次栉比的店铺、古朴气息的民俗，兼具文化休闲和游购娱乐多项功能，不仅成为吕梁市旅游新地标，也堪称三晋民俗文化的绝美体验地。

种子影院

以优异的成绩喜迎党的二十大胜利召开

中国红枣第一镇

【柳林县三交村】

三交村位于“中国红枣第一镇”三交镇，这里是全国八大名枣之一的木枣产区，是华北地区最大的红枣集散地之一。三交村有母亲峰、阎王寨等景点吸引游客观赏，著名的黄河漂流项目更是受到游客青睐。

【文水县北辛店村】

北辛店村属吕梁市文水县下曲镇。村中散落着十几处老宅院，为清代及民国建筑，还有在旧址上修复的戏台、庙宇、宗祠等。这些老宅院大多是高墙厚壁，即便是墙根处，甚或墙面已被岁月剥蚀得凹陷不平，仍显得结实厚重。北辛店村外就是被汾河三坝蓄成的一片湖，两岸树木成行，水上禽鸟成群。

# 城东旅游城西田

## 【离石区王营庄村】

位于吴城镇上的王营庄村，距离离石城区17公里，是在中共离石区委、区政府因地制宜提出“城东旅游城西田，中心城区搞服务”的发展方向后，以党建引领、文旅赋能、产业配套、群众增收为目标开展的示范区建设工程。整个示范区面积1220亩，形成了集特色餐饮、庭院产业、科创研学、法治教育、数商经济、智慧农业、特色种养、亲子游乐于一体的农村一二三产业融合发展的特色示范区，通过大力发展农村文旅产业，打造消费助农的集散地、村庄治理的总引擎、产业发展的孵化器。

交口县双池镇西庄村是山西省第一批历史文化名村。西庄村现存有清乾隆、嘉庆、同治年间修建的吴氏家族宅院。“德胜号”“福庆长”“一香居”“洪字号”等是吴家有名的商号，号称“三十里一铺，六十里一驿，日进白银五百两”。吴氏家族的宅院结构为二进、三进四合院窑洞式建筑，每一部分自成一体，但又和其他部分有机相连，共有31处堂院景点，600余间房屋。村中的其他民居保持了晋西传统民居的共性，又继承了晋中民居的风格，是晋商文化大院中的经典建筑。

日进白银五百两

【交口县西庄村】

# 红色旅游文化【临县孙家沟村】

孙家沟村在过去解放战争中做出突出贡献，如今依靠红色资源大力发展乡村红色旅游。2018年，这里新建了从三交高速公路口到孙家沟村的乡村旅游公路，硬化村内大街小巷，道路两旁、房前屋后种植花草树木，安装太阳能路灯，修缮原中共中央军委三局和中央后委机要处旧址等18套明清古院落。发展“红色旅游+文化”模式，以谢永增艺术馆为主线承办各类画展，接待各地学生写生，吸引各地画家到村参观、留驻，营造了浓厚的艺术氛围。

## 古韵磁窑

### 【交城县磁窑村】

磁窑村文化遗产丰富，有新石器时期古人类烧制陶瓷器具的遗址，有明清古庙3座、古戏台1个、古井5口、古院落70处。老村古街石头墙文化丰富独特，水渠环绕村中，小桥流水清澈，山区峰峦叠嶂，松柏林立，酸枣野花漫山，具备乡村旅游发展特色优势，是群众休闲旅游健身首选地。

晋西北民居

【兴县碧村】

碧村发展乡村旅游有着得天独厚的优势：一是区位优势，该村位于黄河沿岸，是山西省确定的沿黄旅游板块村。二是历史文化优势，考古初步确认，碧村属于龙山文化遗址，对确定人类文明史有着决定性意义。三是红色文化优势，战争时期，国际和平医院曾在此驻扎 11 年之久，留有 29 处传统院落。四是美丽宜居优势，2021 年中共兴县县委县政府把碧村纳入美丽宜居示范村创建范围，按照古村落风貌全力打造。五是地域特色突出，500 余亩红枣林带分布在村庄周边及黄河沿岸，碧村晋西北民居与沿黄自然风光深度相融，历史文化韵味浓厚。

# 土豆花开

## 【岚县王家村】

王家村按照“一村一品一主体”产业布局，试点推动“土豆种+土豆花+土豆+土豆宴”的全产业链发展模式，大力发展特色产业，实现了以马铃薯种植产业为主导，旅游观光、生态经济林、种养殖等特色产业同步推进的发展路径。2022年度全村种植土豆面积3500余亩，培育马铃薯592亩，涉及116户，户均增收2000元，着力依托“土豆花开了”旅游文化月活动，改善了旅游周边环境，获得省级“AAA级乡村旅游示范村”荣誉，被原国务院扶贫办确定为国家扶贫经验交流基地（岚县）建设点之一。

## 凤凰古村【孝义市临水村】

临水村内的五道庙、关帝庙、三官庙、佛祖庙等古迹历史悠久，各具特色。遍布全村的地道网道道相通，环环相扣。引人入胜的深宅楼院、三合小院、四合小院鳞次栉比，错落有致。古迹遍布村庄的各个方位，青山绿水，风景宜人。

## 清代城堡式民宅建筑群

### 【方山县张家塔村】

张家塔村文化旅游资源丰富，远近闻名的民居始建于清代早期，距今有300多年的历史。

张家塔村有民宅36座院落，大部分为四合院布局，依山而建，层楼叠院，随形生变，错落有致，是一处特色鲜明的清代城堡式民宅建筑群，目前尚有残存民宅29院。从对面山上远眺，张家塔民居从上到下就像一座“宝塔”，也有人曾称似倒“福”字，层层叠叠，令人惊叹。最为称奇的是所有院落甬道相通，家家寨墙高筑，内部可相互通联，对外可严加防范。

近年来，方山县启动张家塔古村落项目开发，将美丽乡村建设与传统村落和乡土文化保护相结合，深入挖掘历史文化资源，推动文旅深度融合。经过全景规划和保护修缮后，张家塔地下甬道累计贯通约2200米。在乡村民俗展演、花灯展等多种活动赋能下，张家塔村每年接待游客上万人次，这座曾经寂寥的古村落逐渐焕发生机。

## 永由古槐

### 【石楼县永由村】

永由村历史悠久。永由古槐是其地标性古树，属一级古树名木，树高12米，胸（地）围10.45米，冠幅平均11米，传说距今4000年，长势良好。据《石楼县志》记载，村内普济院为清乾隆十七年(1752)重修。全村退耕还林面积达1万余亩。2020年，山西省林业和草原局评定其为第二批山西省槐花特色花海基地，前景可期。永由村旅游有完整规划，基础条件较好。2017年开始，依托万亩槐林特别是永由古槐，成功举办四届“槐花节”。

# 丘坡英红彩霞茫 垄埂千层染芬芳

## 【中阳县神圪垯村】

神圪垯村是集观光旅游、教育健身、休闲娱乐、餐饮住宿于一体的现代化乡村景点。该村主要以红色文化和乡村风俗为主题，采用土墙、青砖、青瓦、木栏等为基础，建设窑洞和洋楼。神圪垯村引进徽派建筑，与本乡村建筑结构相结合，致力打造红色教育基地、乡村记忆展馆和休闲娱乐活动基地。

孝义木偶戏

漫长的时光流逝中，绵延不绝的高山峻岭阻隔着人们走出去的念想，遮蔽了人们看向外面的世界的视野。可是，汹涌铿锵之黄河水，总是让人的心里时时翻涌出梦想的浪花，激荡着无数代吕梁人坚韧奋进的激情。

手把手地教，口传口地授，爷传子，子传孙，一代又一代地往下传。姥姥教母亲，母亲教女儿，一辈又一辈地往下教。就这样，一批又一批原生态的非物质文化遗产得以留传至今。

据统计，目前吕梁市共有人类非物质文化遗产代表作 2 项、国家级非遗代表性项目 16 项、省级 69 项、市级 157 项，同时，拥有国家级非遗代表性传承人 12 名、省级 108 名、市级 305 名，非遗的总体数量和门类均排在全省前列。

中阳剪纸凝炼的线条和巧妙的构思仿佛在唱和；孝义皮影演绎和复活了市井日常；岚县面塑反映了民间对真善美的崇高追求；滩羊皮以其优良的品质和独特的风格驰名世界的，堆绫里体现着源于盛世的繁华和美好的寓意。柳林盘子里，有狂欢，更有信仰。此外，到了吕梁，你一定要听听大唢呐高亢嘹亮的音符，欣赏那似曾相识的婉转道情戏的乡音。同样，你也不能错过那里的秧歌，不管是汾阳的地秧歌还是临县的伞头秧歌，包你看了热血沸腾。

非遗文化，是吕梁的精气与血脉，是吕梁山河的沉淀与积累。

走进吕梁，就不能不相遇它们。

了解吕梁，就不能不抚摸它们。

祈福求财犇灵光

## 【凤山庙会】

凤山庙会，每年正月二十五至正月二十七举办。正月二十五下午开始，午夜十二点是高峰。庙会约形成于明代中期，明末清初达到鼎盛，一年四季香火不绝。庙会活动内容有施舍、点头香、祈福、问卜、布施、观光。届时凤山上下人流如潮。道院内外到处搭设牌坊，呼唤神法，声震山谷。州民皆拖家带口，前去爬山进香许愿，俗称“遇仙”。尤其在二十五日子时，道院人潮涌动，真人殿万头攒动，鞭炮大作。人们在烟雾之中争先去点“头香”，热闹非凡。

## 技融弹拨千年去 【吕梁弹唱】

弹唱是流行于山西省吕梁市三川河流域的一种民间艺术，是介于曲艺、小戏和表演唱之间的一种群众喜闻乐见的演唱形式。它主要流布在晋西三川河流域，以离石、柳林为主要盛行区，中阳、方山、临县等县也有弹唱表演，最大辐射范围可到晋陕黄河两岸地区。作为一种独特的民间艺术，弹唱以弹奏伴唱，既弹且唱，唱词通俗，曲调优美，情节完整，旋律刚劲活泼，清新悦耳，娓娓动听，具有典型的地域文化风格，深受人民群众的喜爱。

## 民间史书 【吕梁民歌】

吕梁民歌的历史渊源可以上溯到有文字可考的时期，是“民间史书”，记录着吕梁人民的生产生活状态。吕梁，长期处于农耕文化区，古言古语、古音古韵延续时间长，民歌持续活跃。耕地、赶脚、放牧、饮酒、过节、庙会、婚丧嫁娶，歌者面对任何一个场景，都会触物生情，随地随口，唱出心声。

吕梁民歌的表现形式有四个明显特点：随意而歌，表演而歌，伴奏随意而歌，土腔土调。代表歌曲有《冯彩云》《摇三摆》《秋香哭婆婆》《掐蒜薹》《交城山》等。

民间舞蹈【旱船秧歌】

离石旱船秧歌起源于农耕活动，是黄河、黄土文化的重要分支，表达了人们对丰收的喜悦，同时也寄予着对未来的祝福与期望。

离石旱船秧歌是吕梁山区民俗文化的典型代表。旱船秧歌不仅是离石人民生活变迁的见证，更是离石变化发展的有力佐证。它将离石人民的物质文化与精神文化融为一体,有着广泛而深厚的群众基础,能够为离石群众所喜爱、所接受。它的这种社会感染力是其它文艺形式所无法比拟的，对研究我国传统民间文艺的科学性和思想性有着极其重要的价值。

## 地方小剧种 【汾孝秧歌】

汾孝秧歌也叫汾阳磕板秧歌，是流传在汾阳和孝义一带的一个地方小剧种。汾阳地秧歌在长期的活动中，形成了以舞蹈为主的“武场地秧歌”和以戏曲为主的“文场地秧歌”。它们已经自成体系，分别发展成为民间舞蹈和地方戏曲两个不同门类。

汾阳磕板秧歌的唱腔有“过街板”“小曲调”“戏曲板”三种。汾阳磕板秧歌不用丝竹管弦来伴奏，所以没有曲牌，也没有起板和过门。调的高低，节奏的快慢全由演唱者自行掌握，故而磕板秧歌又叫“干板腔”。

二尺短棍手中拿 无限快乐口里歌

【伞头秧歌】

伞头秧歌因领头舞蹈和唱秧歌的人手执花伞，故称“伞头秧歌”。黄河两岸、晋西高原、陕北黄土高原的伞头秧歌流行久远，尤以临县最盛，故又称“临县伞头秧歌”。

伞头秧歌，与古代迎神赛社的祭祀活动密切相关，规模大，有气势，是极富特色的群众性节日歌舞活动。秧歌队伍少则三五十人，多则一二百人，领队者手持一把用彩绸装饰的花伞，人称“伞

头”。“伞头”右手执花伞，左手摇响环，既是秧歌队的指挥，又是即兴编唱的好歌手。伞头秧歌的曲调不多，但唱词千变万化，随时所见，即兴而唱。有时，两支秧歌队伍街头相遇，“伞头”都要针锋相对，展开对唱。唱词四句押韵，灵活多变，语言生动，构思巧妙，逻辑高超，夸张比兴。“伞头”皆用方言土语演唱，贴近生活，通俗明快。围观的百姓追逐嬉笑，喜闻乐见，常常为唱词编得好的“伞头”欢呼叫好。

中华传统白酒酿造正根

【杏花村汾酒酿制技艺】

杏花村汾酒传统酿制技艺是中国最具代表性的酿酒工艺，是中国传统白酒酿造的正宗血脉。它不仅源远流长，衍生了众多其他酒类酿造技术，而且对汾酒产区生产、生活方式，乃至对全国广大地区的酒文化产生了重大的影响。

汾酒的风味特征为清香纯正、醇甜柔和、自然谐调、余味爽净，即清、正、甜、净、长。其香型主体乙酸乙酯与乳酸乙酯搭配谐调，酯香匀称，口感无杂味，入口绵，落口甜，饮后余香，回味悠长。

## 卢家街上的酒香【杏花村汾酒老作坊】

杏花村镇东堡村的卢家街有汾酒老作坊遗址，五个院落的面积约7000平方米，有清代酿酒作坊，地下埋着发酵大缸。院内有一古井，是元代遗存。井上建有亭，名曰“古井亭”。亭依墙而构，墙上嵌有傅山手书碑刻“得造花香”。游客还可以去杏花酒都逛逛，参观汾酒博物馆，体验汾酒酿酒工艺，感受博物馆四合院的汾酒文化。最后，再去十里长廊的酒城里看看，酒香弥漫四方，酒不醉，心已醉。

## 中国白酒第一城

### 【中国汾酒城】

这里是中国白酒的故乡——杏花村。

这里永远充溢着醇厚的酒香。

这里还有一座酒城——“中国汾酒城”。

杏花村汾酒的酿制技艺以晋中平原的“一把抓高粱”为原料，用大麦、豌豆制成的糖化发酵剂，采用“清蒸二次清”的独特酿造工艺酿造。酒液莹澈透明，清香馥郁，入口香绵、甜润、醇厚、爽洌。

游客来到汾酒城，可以品尝到只有这里才有的汾酒“初酒”，还能参观全部的酿酒工艺，在酒的醇香中体味中国悠久的酒文化。

孝义皮影戏是我国皮影戏的重要支派，因流行于孝义市而得名。据史料记载，孝义皮影在宋金时代已有班规、雕簇者存在，说明孝义皮影在宋金时代已发展成熟。据专家考证，孝义皮影起于战国，是我国最早的皮影发源地之一。

孝义皮影艺术是中国独特的传统艺术之一，它包括两个方面：一为皮影戏艺术，涵盖了声腔体系、音乐场面、表演技艺以及剧本等方面；另一个方面则是皮影影偶本身，包括了制皮工艺、造型、雕刻等技艺。这两个方面都具有极其丰富的内涵。

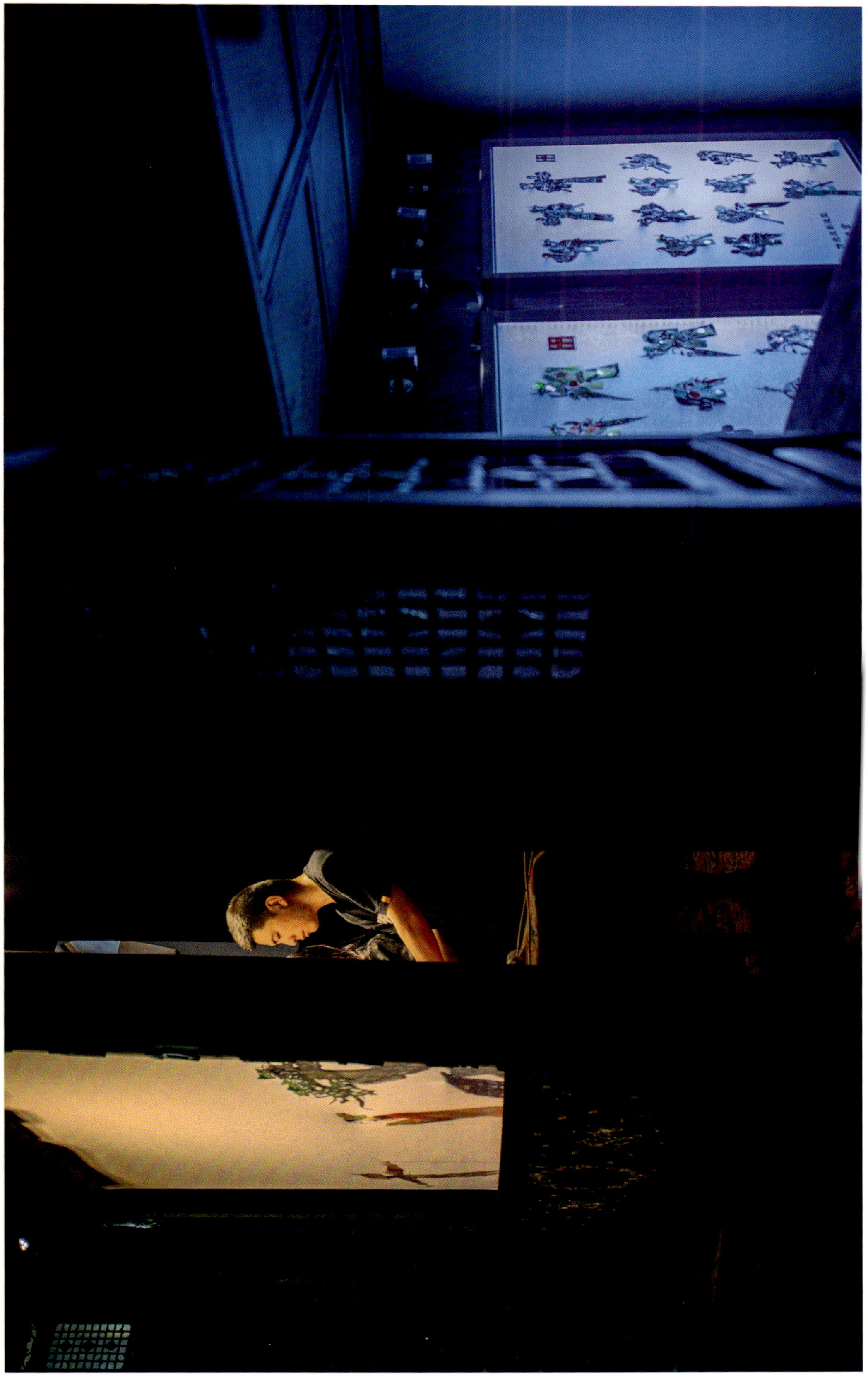

# 一口道尽千古事 双手舞动百万兵

## 【孝义木偶戏】

木偶戏古代称“傀儡戏”，是我国的传统艺术之一。孝义的木偶戏属于杖头木偶戏。制作精巧，形象生动，表演细腻，戏路广，内容丰富。

孝义木偶戏曾有“一口道尽千古事，双手舞动百万兵”的美誉。孝义杖头木偶戏的表演是真人在下、木偶在上，由表演者操纵。一根命杆（与头相连）和两根手杆（与手相连）进行表演。无论是名媛闺秀，或是将相鬼神，都被演得惟妙惟肖。

地方稀有小剧种【孝义碗碗腔】

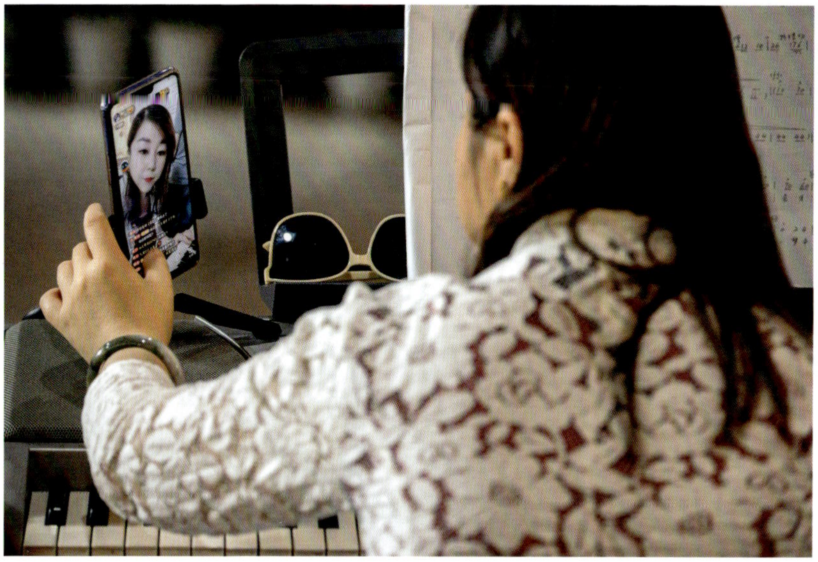

碗碗腔原先是陕西的一种皮影说唱艺术，曾流行陕西省同州（今大荔）、三原一带，后传孝义。据1992年版《孝义县志》载，孝义的碗碗腔源于清代光绪年间。大荔、三原一带的碗碗腔皮影戏艺人背井离乡，有的辗转流落来到孝义。为谋生，他们在孝义搭班组社，演唱碗碗腔皮影戏。他们还在孝义收徒传艺，班社因此逐渐增多，因受晋剧、孝义干板腔秧歌、孝义皮腔和当地语言的影响，逐渐形成了具有孝义地方特色的碗碗腔。孝义碗碗腔在演唱、伴奏、风格等诸多方面和陕西碗碗腔迥然不同。孝义碗碗腔曲牌丰富，和谐悦耳，韵味优美，抒情性强，刚柔并举，婉转缠绵，备受群众青睐，男女老幼都能哼唱几句，是国家级非物质文化遗产。

# 传统古代婚嫁六礼

## 【孝义贾家庄婚俗】

孝义贾家庄婚俗产生于宋元时期，发展定型于明清时期，具有古朴而丰富的内容。它以古代婚嫁六礼为基础，结合当地文化与风俗的特点，演绎、细化并传承为更为喜庆热烈的婚嫁礼仪程序，为黄河流域的婚俗文化增添了色彩，是我国婚俗文化多样化的见证。在长期发展过程中，贾家庄婚俗与当地的民间音乐、歌舞、文学艺术、手工技艺以及社会信仰、伦理道德观念融为一体，具有广泛的群众基础。

## 交城传统民俗文化剪影 【卦山庙会】

交城卦山庙会，起源于唐代佛教华严宗道场，与佛教宗教活动密切相关,同时伴随着社会经济与民间信仰活动而不断发展完善。庙会文化以庙会为依托，并作为庙会的重要组成部分、活动手段、存在形式而世代延续。卦山庙会在每年农历五月初五、初六举办，是交城传统民俗文化的一个剪影和舞台，也是展现老百姓生活风貌的窗口，还是一个时代经济文化发展的缩影。

## 岚县面塑【岚城供会】

岚县面塑是岚县民众在岁时节令、人生礼仪等民俗活动中最重要的供献。从寒食节小巧玲珑的蛇燕燕，到中元节圆润饱满的面人人，从精美绝伦的丧葬面供，到每年农历二月十九日北街供会中色彩艳丽的面塑供品，岚县面塑都承载了当地民众内心最为朴实真挚的情感。

岚县面塑制作工序复杂，手法多样，题材广泛，内容丰富。按照色彩可分为彩色和素色两大类。素色面供又按形制大小及敬献方式不同分为吊供和摆供两类。素色吊供形制小，内容多以燕子、青蛙、毛虫、蛇等小动物为主；素色摆供形制较大，一般分为爬孩孩、罗汉汉、面虎、面狮等类型，造型简洁粗犷。彩色面供色彩艳丽，造型美观，是岚县面塑供会上最为亮丽的一道风景。

岚县面塑技艺上最突出的特点是生熟面结合、发面与死面结合，技艺巧妙，表达出整体夸张变形与局部细腻传神的艺术效果。用色以红色为主要使用色彩，与其他色彩搭配使用。

岚县面塑“为供塑心”，既寄托了民众祈福纳祥的感情，又弘扬了民众对真、善、美的追求。

高温下的艺术 【琉璃咯嘣】

“琉璃咯嘣”是明清以来汉族地区春节期间流行的特殊音乐玩具，与晋商活动有密切关系，是具有浓郁民族色彩的非物质文化遗产。

“琉璃咯嘣”外形有锤形也有葫芦形，其壁很薄，重量很轻，底部平整，薄如纸。用嘴唇含瓶口轻轻一吹一吸，其底部薄玻璃即上下颤动，发出“乒乒乓乓”清脆悦耳的声音。一些靠近河流的百姓还用它来作为河灯、祭祀河神。物美价廉的琉璃咯嘣的制作技术独特，工艺造型独特，玩法独特，对青少年儿童具有强烈的吸引力。

民间工艺美术精品

## 【交城传统堆绫艺术】

交城堆绫，也叫“堆锦”“堆花”。交城传统堆绫艺术是吕梁交城地域性传统美术，以表现花卉静物见长，色彩艳丽、维妙维肖。它既能美化环境，又有观赏价值，更具收藏价值。与其他传统美术工艺品相比，它的突出特点是：融合刺绣等多种工艺，具有剪纸等所不具备的立体视觉效果。它是结合绘画、刺绣等工艺，按设计图案包嵌堆贴成的工艺品。

交城堆绫取材于与大众生活息息相关的各类艺术形象，充分发挥绫罗绸缎的质感、色彩，是对古老工艺的传承和发展。

## 中华绝技【滩羊皮鞣制工艺】

交城滩羊皮是明清时期名扬天下的交城毛皮业的代表产品，历经400余年而品质不改。其毛质细润轻柔，是制作冬装、毛毯、披肩、围脖、毛衫的高级原料。交城滩羊皮鞣制工艺通过一系列特殊工艺，使牛、猪、羊等动物生皮内的蛋白质发生变化。鞣制后的皮革既柔软、牢固，又耐磨，不容易腐败变质。清朝中期，以其优良的品质和独特的风格盛行于欧美市场，被称为“中华绝技”。

## 以铁为笔 以火为墨 【文水葫芦】

文水葫芦制作技艺是我国传统的民间手工技艺之一，主要以烙画为主，即艺术家利用碳化原理，通过控温技巧，不施任何颜料，以烙为主、套彩为辅的表现手法，在葫芦上勾画烘烫烙画，突出“以铁为笔，以火为墨”的艺术特征，巧妙自然地把绘画艺术的各种表现手法、烙画艺术与葫芦融为一体，达到赏心悦目、养性怡情的目的，有极高的艺术价值，便于永久保存、收藏，堪称民间艺术一绝。

## 三晋锣鼓一绝 【文水鈲子】

文水鈲（gu）子是流传于山西省文水县的一种古老而独特的传统民间音乐艺术。由于这种艺术形式主要流行于岳村，又叫岳村鈲子。为什么叫“鈲子”？一是因为主打乐器，即小钹，俗名鈲子；二是因为小钹击打，发出的声音为“鈲”声，故名鈲子。

文水鈲子，主要使用乐器有小钹、大钹、大铙、大鼓。其敲击方法为擦击、错击、挽击、抛击、磨击、敲击、刮击、半击、边击、对击，加之队伍变化，如“金龙摆尾”“龙游八卦”，再有大鼓轰鸣，模拟出了大自然中的雷声、风声、雨声，表现出了老百姓祈盼风调雨顺、五谷丰登、国泰民安的美好愿望。

## 曲调高古 高亢明快 【岚县八音】

岚县八音历史久远，大体成型于北魏年间。当时，从西域传入了锣、钹、唢呐等乐器，逐渐与本地民乐相融合，形成了民间八音与佛教音乐相互交融的鼓乐体系，俗称“岚县八音”。八音主要乐器有唢呐、笙、鼓、镲、铜鼓、二锣子，近年来也配有二胡等。乐队组成一般五到七人。

岚县八音曲牌古朴优雅，高亢嘹亮，清丽委婉。它的独特之处有三个：一是乐手自己制作唢呐，仅供自己使用；二是唢呐吹出的音色既有陕西黄河沿岸低沉、粗犷、深重、浓厚的韵味，又兼有晋西北高亢、明快、火爆的风格；三是乐曲变化繁复。

岚县八音活跃在丧葬婚俗、祈雨祷水、闹房、暖房、闹寿、集庆、庙会等很多民俗活动中，深受民众喜爱。

## 【临县道情戏】

道情戏是黄河沿岸古老的地方戏曲之一，盛行于吕梁的临县、兴县、石楼、方山、离石、中阳、柳林一带，尤以临县突出，故亦称“临县道情”。

道情音乐由唐代道歌中的主曲牌“蓝关调”，亦叫“终南调”或“耍孩儿”演变而来，还有“皂罗袍”，都是道教音乐的主曲牌。其传统唱腔为曲牌体，分为平调和小调两大类。平调由道歌演变成型，主要有“终南调”“耍孩儿”“浪淘沙”等曲牌。小调则由民歌与道歌结合成型，主要有“太平调”“五更调”“小放牛”等曲牌。其音乐伴奏有文场四大件，即管子、四胡、竹笛、笙；武场四大件，即渔鼓、简板、小钗、木鱼。其表演以小生、小旦、小丑为主。传统剧目有《经堂会》《卖道袍》《祈子》《李大闹店》《张连卖布》《打樱桃》《唤妹子》等。

## 国家级非物质文化遗产【临县大唢呐】

临县大唢呐是一种古老的民间传统吹打音乐。它以口传心授的形式在吕梁市临县及其周边广为传承，深受当地群众的喜爱，已成为当地群众文化的重要组成部分。

临县大唢呐，音量高，穿透力强，音色厚重。它不仅吸纳了陕北大唢呐的粗犷、豪放、激亢等特点，还有晋川小唢呐的清秀明快、委婉细腻等特色，形成了排街则威武雄壮，座场即优雅婉转，喜则爽朗明快，怒则涛声阵阵，哀则凄切缠绵，乐则红火热闹等风格，它还有“腮振音”“气哄音”与“死曲活吹”等独特的吹奏技艺。流传至今的传统曲目有100多首，特别是“合愣则”“大得胜”“小得胜”等乐曲更具地方特色。

## 浓缩的庙宇 扩大的神龛

### 【柳林盘子会】

柳林盘子会又称“天官会会”“小子会会”，是流行于柳林县县城及穆村一带的盛大民俗文化活动。活动时间为农历正月十三至二十六，以元宵节为高潮。活动期间各街巷张灯结彩，高搭彩盘、遍点旺火，以精美绝伦的盘子为中心，或配以扭秧歌、演弹唱，或佐以转九曲、斗活龙。作为一种极为少见的稀有民俗现象，柳林盘子会以其独特的文化、历史及美学价值引起了国内外广大专家学者的广泛关注。

盘子民俗活动围绕“盘子”展开。“盘子”是一种制作非常精美的仿古建筑模型，从外形上看，如同一个放大的神龛，高约三到四米，分四角、六角、单层、双层等多种形式。其建筑材料多采用质地细密而又硬实的木料制作。这种木制的小阁楼按其自身的结构形式分设出几个甚至十几个神龛，分别供奉天官、地官、水官、财神、送子娘娘、观音菩萨等神灵。柳林盘子实质上是一座不分佛道的微型寺庙。

敬神明常添百福

# 传承
# 吕梁

孝义木偶戏

漫长的时光流逝中，绵延不绝的高山峻岭阻隔着人们走出去的念想，遮蔽了人们看向外面的世界的视野。可是，汹涌铿锵之黄河水，总是让人的心里时时翻涌出梦想的浪花，激荡着无数代吕梁人坚韧奋进的激情。

手把手地教，口传口地授，爷传子，子传孙，一代又一代地往下传。姥姥教母亲，母亲教女儿，一辈又一辈地往下教。就这样，一批又一批原生态的非物质文化遗产得以留传至今。

据统计，目前吕梁市共有人类非物质文化遗产代表作 2 项、国家级非遗代表性项目 16 项、省级 69 项、市级 157 项，同时，拥有国家级非遗代表性传承人 12 名、省级 108 名、市级 305 名，非遗的总体数量和门类均排在全省前列。

中阳剪纸凝炼的线条和巧妙的构思仿佛在唱和；孝义皮影演绎和复活了市井日常；岚县面塑反映了民间对真善美的崇高追求；滩羊皮以其优良的品质和独特的风格驰名世界的，堆绫里体现着源于盛世的繁华和美好的寓意。柳林盘子里，有狂欢，更有信仰。此外，到了吕梁，你一定要听听大唢呐高亢嘹亮的音符，欣赏那似曾相识的婉转道情戏的乡音。同样，你也不能错过那里的秧歌，不管是汾阳的地秧歌还是临县的伞头秧歌，包你看了热血沸腾。

非遗文化，是吕梁的精气与血脉，是吕梁山河的沉淀与积累。

走进吕梁，就不能不相遇它们。

了解吕梁，就不能不抚摸它们。

## 祈福求财犇灵光

## 【凤山庙会】

凤山庙会，每年正月二十五至正月二十七举办。正月二十五下午开始，午夜十二点是高峰。庙会约形成于明代中期，明末清初达到鼎盛，一年四季香火不绝。庙会活动内容有施舍、点头香、祈福、问卜、布施、观光。届时凤山上下人流如潮。道院内外到处搭设牌坊，呼唤神法，声震山谷。州民皆拖家带口，前去爬山进香许愿，俗称“遇仙”。尤其在二十五日子时，道院人潮涌动，真人殿万头攒动，鞭炮大作。人们在烟雾之中争先去点“头香”，热闹非凡。

## 技融弹拨千年去【吕梁弹唱】

弹唱是流行于山西省吕梁市三川河流域的一种民间艺术，是介于曲艺、小戏和表演唱之间的一种群众喜闻乐见的演唱形式。它主要流布在晋西三川河流域，以离石、柳林为主要盛行区，中阳、方山、临县等县也有弹唱表演，最大辐射范围可到晋陕黄河两岸地区。作为一种独特的民间艺术，弹唱以弹奏伴唱，既弹且唱，唱词通俗，曲调优美，情节完整，旋律刚劲活泼，清新悦耳，娓娓动听，具有典型的地域文化风格，深受人民群众的喜爱。

## 民间史书【吕梁民歌】

吕梁民歌的历史渊源可以上溯到有文字可考的时期，是“民间史书”，记录着吕梁人民的生产生活状态。吕梁，长期处于农耕文化区，古言古语、古音古韵延续时间长，民歌持续活跃。耕地、赶脚、放牧、饮酒、过节、庙会、婚丧嫁娶，歌者面对任何一个场景，都会触物生情，随地随口，唱出心声。

吕梁民歌的表现形式有四个明显特点：随意而歌，表演而歌，伴奏随意而歌，土腔土调。代表歌曲有《冯彩云》《摇三摆》《秋香哭婆婆》《掐蒜薹》《交城山》等。

# 民间舞蹈【旱船秧歌】

离石旱船秧歌起源于农耕活动，是黄河、黄土文化的重要分支，表达了人们对丰收的喜悦，同时也寄予着对未来的祝福与期望。

离石旱船秧歌是吕梁山区民俗文化的典型代表。旱船秧歌不仅是离石人民生活变迁的见证，更是离石变化发展的有力佐证。它将离石人民的物质文化与精神文化融为一体,有着广泛而深厚的群众基础,能够为离石群众所喜爱、所接受。它的这种社会感染力是其它文艺形式所无法比拟的，对研究我国传统民间文艺的科学性和思想性有着极其重要的价值。

## 地方小剧种【汾孝秧歌】

汾孝秧歌也叫汾阳磕板秧歌，是流传在汾阳和孝义一带的一个地方小剧种。汾阳地秧歌在长期的活动中，形成了以舞蹈为主的“武场地秧歌”和以戏曲为主的“文场地秧歌”。它们已经自成体系，分别发展成为民间舞蹈和地方戏曲两个不同门类。

汾阳磕板秧歌的唱腔有“过街板”“小曲调”“戏曲板”三种。汾阳磕板秧歌不用丝竹管弦来伴奏，所以没有曲牌，也没有起板和过门。调的高低，节奏的快慢全由演唱者自行掌握，故而磕板秧歌又叫“干板腔”。

三尺短棍手中拿 无限快乐口里歌

【伞头秧歌】

伞头秧歌因领头舞蹈和唱秧歌的人手执花伞，故称“伞头秧歌”。黄河两岸、晋西高原、陕北黄土高原的伞头秧歌流行久远，尤以临县最盛，故又称“临县伞头秧歌”。

伞头秧歌，与古代迎神赛社的祭祀活动密切相关，规模大，有气势，是极富特色的群众性节日歌舞活动。秧歌队伍少则三五十人，多则一二百人，领队者手持一把用彩绸装饰的花伞，人称“伞

头”。“伞头”右手执花伞，左手摇响环，既是秧歌队的指挥，又是即兴编唱的好歌手。伞头秧歌的曲调不多，但唱词千变万化，随时所见，即兴而唱。有时，两支秧歌队伍街头相遇，“伞头”都要针锋相对，展开对唱。唱词四句押韵，灵活多变，语言生动，构思巧妙，逻辑高超，夸张比兴。“伞头”皆用方言土语演唱，贴近生活，通俗明快。围观的百姓追逐嬉笑，喜闻乐见，常常为唱词编得好的“伞头”欢呼叫好。

中华传统白酒酿造正根

【杏花村汾酒酿制技艺】

装甑蒸

地缸发酵

二次清蒸

勾兑

杏花村汾酒传统酿制技艺是中国最具代表性的酿酒工艺，是中国传统白酒酿造的正宗血脉。它不仅源远流长，衍生了众多其他酒类酿造技术，而且对汾酒产区生产、生活方式，乃至对全国广大地区的酒文化产生了重大的影响。

汾酒的风味特征为清香纯正、醇甜柔和、自然谐调、余味爽净，即清、正、甜、净、长。其香型主体乙酸乙酯与乳酸乙酯搭配谐调，酯香匀称，口感无杂味，入口绵，落口甜，饮后余香，回味悠长。

# 卢家街上的酒香

## 【杏花村汾酒老作坊】

杏花村镇东堡村的卢家街有汾酒老作坊遗址，五个院落的面积约7000平方米，有清代酿酒作坊，地下埋着发酵大缸。院内有一古井，是元代遗存。井上建有亭，名曰“古井亭”。亭依墙而构，墙上嵌有傅山手书碑刻“得造花香”。游客还可以去杏花酒都逛逛，参观汾酒博物馆，体验汾酒酿酒二艺，感受博物馆四合院的汾酒文化。最后，再去十里长廊的酒城旦看看，酒香弥漫四方，酒不醉，心已醉。

玫瑰汾酒
玫瑰汾酒

汾酒

# 中国白酒第一城

## 【中国汾酒城】

这里是中国白酒的故乡——杏花村。

这里永远充溢着醇厚的酒香。

这里还有一座酒城——“中国汾酒城”。

杏花村汾酒的酿制技艺以晋中平原的“一把抓高粱”为原料，用大麦、豌豆制成的糖化发酵剂，采用“清蒸二次清”的独特酿造工艺酿造。酒液莹澈透明，清香馥郁，入口香绵、甜润、醇厚、爽洌。

游客来到汾酒城，可以品尝到只有这里才有的汾酒“初酒”，还能参观全部的酿酒工艺，在酒的醇香中体味中国悠久的酒文化。

无孝不成戏

【孝义皮影戏】

孝义皮影戏是我国皮影戏的重要支派，因流行于孝义市而得名。据史料记载，孝义皮影在宋金时代已有班规、雕簇者存在，说明孝义皮影在宋金时代已发展成熟。据专家考证，孝义皮影起于战国，是我国最早的皮影发源地之一。

孝义皮影艺术是中国独特的传统艺术之一，它包括两个方面：一为皮影戏艺术，涵盖了声腔体系、音乐场面、表演技艺以及剧本等方面；另一个方面则是皮影影偶本身，包括了制皮工艺、造型、雕刻等技艺。这两个方面都具有极其丰富的内涵。

## 一口道尽千古事 双手舞动百万兵 【孝义木偶戏】

木偶戏古代称“傀儡戏”，是我国的传统艺术之一。孝义的木偶戏属于杖头木偶戏。制作精巧，形象生动，表演细腻，戏路广，内容丰富。

孝义木偶戏曾有“一口道尽千古事，双手舞动百万兵”的美誉。孝义杖头木偶戏的表演是真人在下、木偶在上，由表演者操纵。一根命杆（与头相连）和两根手杆（与手相连）进行表演。无论是名媛闺秀，或是将相鬼神，都被演得惟妙惟肖。

DUCK

地方稀有小剧种【孝义碗碗腔】

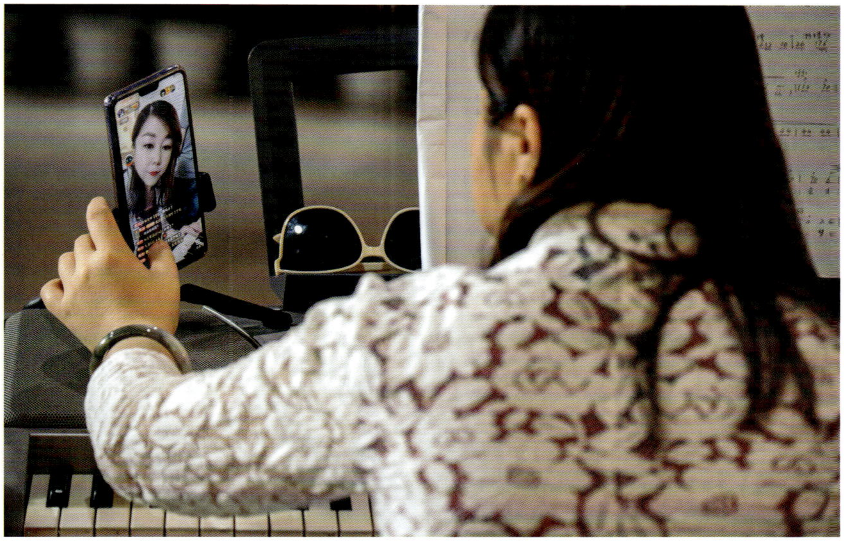

碗碗腔原先是陕西的一种皮影说唱艺术，曾流行陕西省同州（今大荔）、三原一带，后传孝义。据1992年版《孝义县志》载，孝义的碗碗腔源于清代光绪年间。大荔、三原一带的碗碗腔皮影戏艺人背井离乡，有的辗转流落来到孝义。为谋生，他们在孝义搭班组社，演唱碗碗腔皮影戏。他们还在孝义收徒传艺，班社因此逐渐增多，因受晋剧、孝义干板腔秧歌、孝义皮腔和当地语言的影响，逐渐形成了具有孝义地方特色的碗碗腔。孝义碗碗腔在演唱、伴奏、风格等诸多方面和陕西碗碗腔迥然不同。孝义碗碗腔曲牌丰富，和谐悦耳，韵味优美，抒情性强，刚柔并举，婉转缠绵，备受群众青睐，男女老幼都能哼唱几句，是国家级非物质文化遗产。

# 传统古代婚嫁六礼

## 【孝义贾家庄婚俗】

孝义贾家庄婚俗产生于宋元时期，发展定型于明清时期，具有古朴而丰富的内容。它以古代婚嫁六礼为基础，结合当地文化与风俗的特点，演绎、细化并传承为更为喜庆热烈的婚嫁礼仪程序，为黄河流域的婚俗文化增添了色彩，是我国婚俗文化多样化的见证。在长期发展过程中，贾家庄婚俗与当地的民间音乐、歌舞、文学艺术、手工技艺以及社会信仰、伦理道德观念融为一体，具有广泛的群众基础。

交城卦山庙会，起源于唐代佛教华严宗道场，与佛教宗教活动密切相关,同时伴随着社会经济与民间信仰活动而不断发展完善。庙会文化以庙会为依托，并作为庙会的重要组成部分、活动手段、存在形式而世代延续。卦山庙会在每年农历五月初五、初六举办，是交城传统民俗文化的一个剪影和舞台，也是展现老百姓生活风貌的窗口，还是一个时代经济文化发展的缩影。

## 岚县面塑【岚城供会】

岚县面塑是岚县民众在岁时节令、人生礼仪等民俗活动中最重要的供献。从寒食节小巧玲珑的蛇燕燕，到中元节圆润饱满的面人人，从精美绝伦的丧葬面供，到每年农历二月十九日北街供会中色彩艳丽的面塑供品，岚县面塑都承载了当地民众内心最为朴实真挚的情感。

岚县面塑制作工序复杂，手法多样，题材广泛，内容丰富。按照色彩可分为彩色和素色两大类。素色面供又按形制大小及敬献方式不同分为吊供和摆供两类。素色吊供形制小，内容多以燕子、青蛙、毛虫、蛇等小动物为主；素色摆供形制较大，一般分为爬孩孩、罗汉汉、面虎、面狮等类型，造型简洁粗犷。彩色面供色彩艳丽，造型美观，是岚县面塑供会上最为亮丽的一道风景。

岚县面塑技艺上最突出的特点是生熟面结合、发面与死面结合，技艺巧妙，表达出整体夸张变形与局部细腻传神的艺术效果。用色以红色为主要使用色彩，与其他色彩搭配使用。

岚县面塑“为供塑心”，既寄托了民众祈福纳祥的感情，又弘扬了民众对真、善、美的追求。

合家欢乐迎富贵

高温下的艺术

【琉璃咯嘣】

"琉璃咯嘣"是明清以来汉族地区春节期间流行的特殊音乐玩具，与晋商活动有密切关系，是具有浓郁民族色彩的非物质文化遗产。

"琉璃咯嘣"外形有锤形也有葫芦形，其壁很薄，重量很轻，底部平整，薄如纸。用嘴唇含瓶口轻轻一吹一吸，其底部薄玻璃即上下颤动，发出"乒乒乓乓"清脆悦耳的声音。一些靠近河流的百姓还用它来作为河灯，祭祀河神。物美价廉的琉璃咯嘣的制作技术独特，工艺造型独特，玩法独特，对青少年儿童具有强烈的吸引力。

## 【交城传统堆绫艺术】

交城堆绫，也叫“堆锦”“堆花”。交城传统堆绫艺术是吕梁交城地域性传统美术，以表现花卉静物见长，色彩艳丽、维妙维肖。它既能美化环境，又有观赏价值，更具收藏价值。与其他传统美术工艺品相比，它的突出特点是：融合刺绣等多种工艺，具有剪纸等所不具备的立体视觉效果。它是结合绘画、刺绣等工艺，按设计图案包嵌堆贴成的工艺品。

交城堆绫取材于与大众生活息息相关的各类艺术形象，充分发挥绫罗绸缎的质感、色彩，是对古老工艺的传承和发展。

交城滩羊皮是明清时期名扬天下的交城毛皮业的代表产品，历经400余年而品质不改。其毛质细润轻柔，是制作冬装、毛毯、披肩、围脖、毛衫的高级原料。交城滩羊皮鞣制工艺通过一系列特殊工艺，使牛、猪、羊等动物生皮内的蛋白质发生变化。鞣制后的皮革既柔软、牢固，又耐磨，不容易腐败变质。清朝中期，以其优良的品质和独特的风格盛行于欧美市场，被称为“中华绝技”。

## 以铁为笔 以火为墨 【文水葫芦】

文水葫芦制作技艺是我国传统的民间手工技艺之一，主要以烙画为主，即艺术家利用碳化原理，通过控温技巧，不施任何颜料，以烙为主、套彩为辅的表现手法，在葫芦上勾画烘烫烙画，突出“以铁为笔，以火为墨”的艺术特征，巧妙自然地把绘画艺术的各种表现手法、烙画艺术与葫芦融为一体，达到赏心悦目、养性怡情的目的，有极高的艺术价值，便于永久保存、收藏，堪称民间艺术一绝。

## 三晋锣鼓一绝 【文水鈲子】

文水鈲（gu）子是流传于山西省文水县的一种古老而独特的传统民间音乐艺术。由于这种艺术形式主要流行于岳村，又叫岳村鈲子。为什么叫“鈲子”？一是因为主打乐器，即小钹，俗名鈲子；二是因为小钹击打，发出的声音为“鈲”声，故名鈲子。

文水鈲子，主要使用乐器有小钹、大钹、大铙、大鼓。其敲击方法为擦击、错击、挽击、抛击、磨击、敲击、刮击、半击、边击、对击，加之队伍变化，如“金龙摆尾”“龙游八卦”，再有大鼓轰鸣，模拟出了大自然中的雷声、风声、雨声，表现出了老百姓祈盼风调雨顺、五谷丰登、国泰民安的美好愿望。

# 曲调高古 高亢明快

## 【岚县八音】

岚县八音历史久远，大体成型于北魏年间。当时，从西域传入了锣、钹、唢呐等乐器，逐渐与本地民乐相融合，形成了民间八音与佛教音乐相互交融的鼓乐体系，俗称“岚县八音”。八音主要乐器有唢呐、笙、鼓、镲、铜鼓、二锣子，近年来也配有二胡等。乐队组成一般五到七人。

岚县八音曲牌古朴优雅，高亢嘹亮，清丽委婉。它的独特之处有三个：一是乐手自己制作唢呐，仅供自己使用；二是唢呐吹出的音色既有陕西黄河沿岸低沉、粗犷、深重、浓厚的韵味，又兼有晋西北高亢、明快、火爆的风格；三是乐曲变化繁复。

岚县八音活跃在丧葬婚俗、祈雨祷水、闹房、暖房、闹寿、集庆、庙会等很多民俗活动中，深受民众喜爱。

# 吕梁山上一枝花

## 【临县道情戏】

道情戏是黄河沿岸古老的地方戏曲之一，盛行于吕梁的临县、兴县、石楼、方山、离石、中阳、柳林一带，尤以临县突出，故亦称“临县道情”。

道情音乐由唐代道歌中的主曲牌“蓝关调”，亦叫“终南调”或“耍孩儿”演变而来，还有“皂罗袍”，都是道教音乐的主曲牌。其传统唱腔为曲牌体，分为平调和小调两大类。平调由道歌演变成型，主要有“终南调”“耍孩儿”“浪淘沙”等曲牌。小调则由民歌与道歌结合成型，主要有“太平调”“五更调”“小放牛”等曲牌。其音乐伴奏有文场四大件，即管子、四胡、竹笛、笙；武场四大件，即渔鼓、简板、小钗、木鱼。其表演以小生、小旦、小丑为主。传统剧目有《经堂会》《卖道袍》《祈子》《李大闹店》《张连卖布》《打樱桃》《唤妹子》等。

临县大唢呐是一种古老的民间传统吹打音乐。它以口传心授的形式在吕梁市临县及其周边广为传承，深受当地群众的喜爱，已成为当地群众文化的重要组成部分。

临县大唢呐，音量高，穿透力强，音色厚重。它不仅吸纳了陕北大唢呐的粗犷、豪放、激亢等特点，还有晋川小唢呐的清秀明快、委婉细腻等特色，形成了排街则威武雄壮，座场即优雅婉转，喜则爽朗明快，怒则涛声阵阵，哀则凄切缠绵，乐则红火热闹等风格，它还有“腮振音”“气哄音”与“死曲活吹”等独特的吹奏技艺。流传至今的传统曲目有100多首，特别是“合愣则”“大得胜”“小得胜”等乐曲更具地方特色。

# 浓缩的庙宇 扩大的神龛

## 【柳林盘子会】

柳林盘子会又称“天官会会”“小子会会”，是流行于柳林县县城及穆村一带的盛大民俗文化活动。活动时间为农历正月十三至二十六，以元宵节为高潮。活动期间各街巷张灯结彩，高搭彩盘、遍点旺火，以精美绝仑的盘子为中心，或配以扭秧歌、演弹唱，或佐以转九曲、斗活龙。作为一种极为少见的稀有民俗现象，柳林盘子会以其独特的文化、历史及美学价值引起了国内外广大专家学者的广泛关注。

盘子民俗活动围绕“盘子”展开。“盘子”是一种制作非常精美的仿古建筑模型，从外形上看，如同一个放大的神龛，高约三到四米，分四角、六角、单层、双层等多种形式。其建筑材料多采用质地细密而又硬实的木料制作。这种木制的小阁楼按其自身的结构形式分设出几个甚至十几个神龛，分别供奉天官、地官、水官、财神、送子娘娘、观音菩萨等神灵。柳林盘子实质上是一座不分佛道的微型寺庙。

敬神明常添百福
天官賜福

【刘家焉头木版年画】

汾酒故乡　英雄吕梁

【刘家沟木版年画】

东方木刻之美

【刘家焉头木版年画】

佛

东方木版之美 【凤翔雕头木版年画】

东方木刻之美

【刘家焉头木版年画】

## 【刘家焉头木版年画】

柳林刘家焉头木版年画于清代中叶兴起，100余年来，扎根于当地独特的文化环境。此种年画以生活为舞台，化现实为艺术，题材广泛，手法斑斓，地域风格独特，人文意蕴深厚，成为柳林灿若繁星的民间艺术中一枝独秀。

刘家焉头木版年画多取材于神话传说和历史故事，主要内容有灶君、天地、土地、门神、老虎、窗花等。其采用浪漫主义的表现手法，注重人物传神，力求画面完整、造型夸张、形象生动、主题突出、装饰性强。在色彩运用上不受自然光色的局限，注重色彩的对比、艳丽、明快，给人以豪放、洒脱的感觉。

图书在版编目（CIP）数据

吕梁 : 汾酒故乡　英雄吕梁 / 吕梁市文化和旅游局编著. -- 北京 : 中国摄影出版传媒有限责任公司, 2025. 2. -- ISBN 978-7-5179-1563-8
Ⅰ. K922.53-64
中国国家版本馆CIP数据核字第2025GT8640号

---

**吕梁——汾酒故乡 英雄吕梁**

主　　编：吕梁市文化和旅游局
出 品 人：高　扬
文　　字：马明高　徐　静　赵　彤
剪　　纸：刘小平
木　　刻：白奴心
责任编辑：徐　静　赵　彤
装帧设计：李　迪　冯　卓
出　　版：中国摄影出版传媒有限责任公司（中国摄影出版社）
地址：北京市东城区东四十二条 48 号 邮编：100007
发行部：010-65136125 65280977
网址：www.cpph.com
邮箱：distribution@cpph.com
印　　刷：北京地大彩印有限公司
开　　本：12 开
印　　张：25
版　　次：2025 年 3 月第 1 版
印　　次：2025 年 3 月第 1 次印刷
ISBN 978-7-5179-1563-8
定　　价：598.00 元

# 红纸翻飞剪出多姿生活【中阳剪纸】

中阳剪纸是首批国家级非物质文化遗产保护项目，2006年被国务院列入首批国家级非物质文化遗产保护名录。2009年，中阳剪纸入选联合国教科文组织非物质文化遗产名录。从1992年至今中阳县连续五次被文化和旅游部命名为“中国民间文化艺术之乡”。中阳剪纸承继汉魏石像纯朴粗拙的艺术风格，内容涉及民俗、宗教、礼俗等多种题材，是黄河流域广大妇女勤劳智慧的结晶，是中华传统文化的百科全书。

酒
酒
酒
酒

# 美味豆菜

高粱穗

告子曰："食色，性也。"食，对于生命而言是最为重要活动。

一方水土养一方人。独特的地理位置造就了吕梁独特的饮食文化，这里盛产杂粮，勤劳灵巧的人民由此发明了一道又一道的美食。

荞麦碗团是以一定比例的水和荞麦粉配成的面糊均匀地在浅口陶碗内抹一层，然后将碗放进蒸锅内蒸，等到它凝固，其珠圆玉润的模样煞是讨人喜爱。顺滑的碗团留存在口齿间，是无尽的思念。新鲜烤制的芝麻饼夹一口爽辣的咸菜，更是美味绝伦。薄脆的面饼被高温烤得焦黄，一粒粒芝麻随着温度的升高慢慢崩开，香气四溢。一屉一屉的莜面栲栳栳，必须互相帮忙扯下，蘸着熬制的西红柿汁、醋汁、蒜蓉等混合调料，让人感受到它无尽的美味，时间在这拉扯之下，变得可爱又温暖。最不起眼的土豆，在这里也能变出上百种吃法，土豆擦擦、和楞子、恶和鱼鱼等，都是妈妈才能做出的味道。更不用说"借问酒家何处有，牧童遥指杏花村"的中国酒魂——汾酒，它以清澈干洌、绵甜味长著称于世。还有营养丰富的沙棘、红枣……

千百年来，在人的脑海中，只有故乡的味道熟悉而顽固，就像一个味觉定位系统，一头锁定了千里之外的异地，一头则永远牵绊着记忆深处的故乡。触动你味蕾的吕梁食谱，等你来探寻不一样的美味，不一样的吕梁。

【杏花村汾酒】

汾酒酿制，必先有曲，曲乃酒之骨。豌豆、大麦按一定比例混合后粉碎。工人赤脚踩曲，成型，然后搬到曲房卧曲，之后的制曲工序为：加火、养曲、翻曲、看曲、发酵、成曲。进入酿酒工艺，工艺流程分为一磨、二润、三蒸、四酵、五馏、六陈。

汾酒是清茬、后火、红心三种曲的复合发酵，与地窖的地缸分离式发酵不同，与“清蒸二次清，一清到底”的蒸馏发酵也不同，区别于其他白酒，具有其独特性，保证了汾酒清香自然的口感。

## 【汾阳王酒】

汾阳王酒从唐代名将汾阳郡王郭子仪的王府家酒传承、演变而来，清雅纯正，绵甜爽净，余味悠长。

郭府家酒制曲工艺独特：将大麦、豌豆、绿豆等原料按比混合，用红砂石磨成细粉。和料要求“手捏成团粘手，不流不滴，无生面”。踩曲，要软硬均匀，厚薄均匀，曲面平整，四角饱满。卧曲，要铺新鲜谷糠，三层排列，覆盖苇席。接下来还有上霉、晾霉、潮火、干火、后火、养曲、成曲等工序。酿造工艺为地缸发酵，装甑蒸馏。水源为源于白虎岭的神头泉水，加之古法运用，工艺精湛，酿造严谨。自然清香弥长，酒味远扬。

## 【竹叶青酒】

竹叶青酒是中国保健酒的杰出代表。其入口甜，落口绵，醇厚爽口，余味悠长，色、香、味俱佳。竹叶青酒选用优质中药，以竹叶、栀子、陈皮、当归、零陵香、广木香、公丁香、白菊花、砂仁、檀香、排草香、山柰十二味草木，独特泡制而成，让人饮后“外达于表而上天至颠”，体味到“酒为诸药之长”。

# 枣类作物

## 【石楼红枣】

石楼地处黄河中游，黄土高原梁峁丘陵，沟壑弯曲，当地的干热高温与黄河冷湿空气昼夜交锋，温差较大。加之日光充足，沙土地吸水性强，所以这里出产的红枣个大、核小、皮薄、肉厚、味甜。

如果将红色的鲜枣于棉籽油、松烟水中煮熟，再用烟火熏烤，鲜枣就变为干果，营养丰富，可久存。

## 【交城骏枣】

交城骏枣是山西四大名枣之一，被誉为“枣后”，素有“八个一尺，十个一斤”之称，可见其个大。其形态独特，呈瓶形，或上细下粗的圆柱形，色泽深红,皮薄肉厚，核小果大，质脆味甜，可鲜食，亦可制成干果。该枣含糖28.69％，含酸0.45％，富含维生素C等营养成分。枣肉可提取食用香精，又可入药，有补血益气、安神养胃、健脾抗癌之功效。

## 【兴县油枣】

兴县油枣个大，长圆形，色泽暗红，含糖高，有油性，香甜脆，口感好。其含有丰富的维生素A、B1、B2、C和蛋白质、有机酸、脂肪，有人体所必需的18种氨基酸，以及铁、锌、磷、钙、硒等微量元素。可鲜食，宜贮存。可加工成干枣、乌枣、蜜枣、枣茶、枣汁等。

## 【开阳大枣】

开阳大枣是临县特产，果中之王，滋补佳品。临县处黄河中游河畔，山环水绕，日照充足，昼夜温差明显。西汉年间开始种植，历经两千余年，驰名中外。其个大、肉厚、核小、皮薄、味甜、色深红、拉丝长，是枣中极品。

## 【黄河滩枣】

黄河滩枣生于黄土高原，紧临黄河沿岸，俗称“大红枣”，学名“木枣”，山西四大名枣之一。其颗粒硕大，椭圆形，色泽红润，皮薄肉厚，核小，滋味甜。其富含维生素C、D、P（芦丁），多糖分、果胶物质，有铁、钙、磷、钾等微量元素，纯天然，无公害，可鲜食，可熟食，常食之，生津悦颜。

## 【中阳柏籽羊肉】

柏籽羊肉产区局限于中阳东侧的柏洼山区。因为这里满山遍野生长着古老的柏树，常年在这里放养的羊以柏叶、柏籽为食，饮山根泉水，肉质上乘，故名“柏籽羊肉”。

柏籽羊肉肉质密实，纹理清晰，肉色紫红，油色洁白，味含柏香，不腥不腻。长期食用，补气养血、润肤明目、开胃健脾、健腰强膝，具有抗病、防病、疗病、延年益寿之功效，被当地人誉为“土人参”“补心丸”。

## 【柳林芝麻饼】

柳林芝麻饼是柳林县的著名特色小吃之一。它以面粉、芝麻、酥油、碱面等原料，做成内薄边厚的饼坯，上炉烘烤而成。芝麻饼冷热皆可食用，吃起来香酥味美，口感筋道，酥脆可口。放凉后可作干粮，既便于携带，还能长期保存，是馈赠亲友的佳品。

## 【柳林碗团】

柳林碗团属荞面淀粉制品，因其制于碗，食于碗，熟后晾凉，从碗中脱下，故名“碗脱”，后人们取“团团圆圆”之意，改为“碗团”。碗团选用上等荞面制作而成，其制作过程包含数道工序：选料、和面、蒸熬、拧制、调料、食用。碗团柔韧、滑腻、筋道，再加入蒜泥、辣椒、好醋、姜末、香油，醇香满口，被人誉为“熬出的皮冻，调出的灌肠，荞面的经典，莜面的升华”。

## 特色美食

## 【岚县莜面栲栳栳】

岚县地处晋西北，天寒地冷，干旱阴凉，正好适合莜麦的种植。因为莜麦性喜寒、旱，所以大都种在山头丘陵的最顶端。莜麦是一种禾谷类作物，学名裸燕麦，耐饥抗寒，营养丰富。

加工莜面，须先淘洗，后用铁锅炒熟，才能磨面。炒时用温火，要掌握火候，不宜过生或过熟。接着用沸水和面，称为冲熟，再经过蒸熟，才能食用。当地百姓称为“三熟”，三熟中少一熟都会影响食用。用莜面制作的“猫耳朵窝窝”“鱼鱼”“栲栳栳”既可凉拌，亦可炒熟食用。

## 【临县三交干馍馍】

三交干馍馍香、酥、甜、脆，和胃健脾，采用传统工艺手工制作，食用方便，被赞为“三交手艺，吕梁一绝”。其做法是用老酵和麦粉混合均匀，成团后放入盆中，置温暖处，继续发酵，面涨大，又回落。取出，加面粉、牛奶，揉如面团，抹少许油加葱花，拧成花卷或圆馍，蒸锅烧水，水开后上锅，大火蒸20分钟，出笼，晾凉，放入焦炭炉中烤40分钟，每5至6分钟翻一次。

## 【石头饼】

汾阳石头饼是一种古法制饼，历史十分悠久。其法就是将石块烧热，谷物直接放在石上而制熟。主要是利用石块传热慢、散热也慢、布热均匀的特点，以达到控制火候的目的。唐朝的“石鏊饼”，明清的“天然饼”，均是此古法之传承。孝义的石头干饼亦是如此。原料是白面、麻油、盐碱、酵母等，工具是石子。石子选用要大小均匀，不要大过拇指头。这种石头干饼堪称营养保健食品，一嚼就酥，易消化，色美味香。逢时过节，小孩满月，孝义人喜欢把石头干饼当作礼品，馈赠亲友。

## 【孝义火烧】

孝义火烧是一种饼类小吃，味道独特，有咸火烧、糖火饶、菜火烧三种。咸火烧，包的是咸盐和茴香，上鏊烙烤。食时，若佐以葱花、大蒜、陈醋、酱油，更是香美至极。糖火烧，是将老酵、碱面和凉水一起放入盆中，搅成稀糊，倒入面粉，和好面，以手蘸凉水，反复揉搓，面团光润后，盖上湿布，醒30分钟。同时，将红糖、芝麻酱、桂花拌好，成糖馅。将之往面长条上一抹，包好，上鏊正反烤，或在烤炉微火烤，成金黄色，最香。菜火烧，有荤素之分。荤者，馅为猪肉和白菜或羊肉和胡萝卜。素者，馅为蔬菜、鸡蛋、粉条等。

## 【临县锄片饼】

锄片饼又名“杂酥烙”饼，是在传统做饼子面的基础上，再做酥面，即在白面中加黄芥油，上锅炒成黑红色，再放入茉荷、盐，拌匀。做好后，取出醒好的面，揉筋，揉光，擀成长形面块，将酥面擦上，卷起，切块，擀三大剂三小剂，包时大剂在外，小剂在内，各蘸三次禾油、盐、茉荷，成圆形，用刀旋出丝来，并将圆饼一切为二，放铁鏊内烤。烤到发黄微鼓时，移入火膛边缘烘焙，约3分钟后熟。因油饼的样子像锄地用的铁锄片，故名“锄片饼”。里酥外脆，两面金黄，油而不腻，清香味美。

## 【临县大烩菜】

大烩菜分荤素两种。素烩菜以大白菜、南瓜、西葫芦、豆角、土豆、胡萝卜、豆腐、粉条等为原料。荤烩菜加羊肉块或猪肉片。其做法为：先将锅加热，放少许油，放大葱、大蒜、香菜，猪肉烩菜放大料，羊肉烩菜放花椒，再将原料放入，翻炒，加水，炖熟，沸腾即可。吃起来热火、爽口、暖身、养胃。

## 【兴县羊杂割】

兴县羊杂割是一种美味爽口的地方小吃。据说，吕梁人吃羊杂割菜始于元朝。杂割，这个名字是忽必烈之母所赐。“羊杂”，就是羊下水。把羊的心、肺、肝、肠、血等洗净，煮熟，切碎，食时，再将羊杂放入老汤中，加上粉条煮沸，放入碗中，配上花椒、盐、蒜末、葱丝、姜等，鲜美可口，痛快淋漓。羊杂割具有丰富的碳水化合物，及钙、磷、钾等人体必需的营养物质，有滋脾养胃、益肾补血、益气调元、温经活络、滋补虚损之功效。

## 【汾阳『八八』宴席】

汾州传统“八八”宴席共有十六种菜肴，其中凉菜八种，即豆芽粉丝、黄瓜粉皮、大米焖子、农家菜卷、瓤猪肚、豆豆菜、清水桃仁、压花肉。热菜有八种，即黄焖排骨、夹菜扣碗、清蒸鸡块、海参扒肘子、小酥肉、雪浮肉、羊肉瓤冬瓜、鸳鸯蛋。选料讲究，要求“细、特、鲜、嫩”。烹饪技巧独到，主要有炒、炸、烩、熘、蒸、炖等方法。制作精致，造型鲜活，色泽清亮，品相雅致。

## 【汾州香小米】

汾州香小米产于汾阳市坡头。这一带土地肥沃，气候温和，常年有桃花洞泉水灌溉，非常适宜谷子的生长。其米粒大小均匀适中，色泽金黄光亮。用这种小米做的米饭绵甜喷香,细柔光滑，黏性强。这种小米含有多种维生素、氨基酸、矿物元素，对化学致癌有抵抗作用，且有提高细胞寿命，防治动脉硬化作用，能抗衰老，对皮肤干燥、夜盲症、不育症、习惯性流产具有食疗作用。

## 【孝义柿子】

孝义柿子产于孝义市境内的兑镇、白壁关镇、司马街道办、东许街道办四个乡镇街道的11个自然村。柿树产量高，寿命长，木质优良，俗有“乌木”之称。孝义柿子主要品种有磨盘柿、牛心柿等7种。果形呈扁圆，果皮光滑，呈橙黄、橙红色。果实汁多，无籽，味甜，含糖量高，油质重。亦可做成柿饼吃，其表面结的霜洁白雪嫩，甜绵细润，是干鲜果中之佼佼者。

## 【汾州核桃】

汾州核桃生产地主要在汾阳、孝义一带。这里有深厚的黄土层，地势高寒，沟壑纵横，雨量适中，蒸发量少，气候温和，造就了独特的汾州核桃。山坡上经常可见百年老核桃树，树势旺盛，枝条粗壮，树体高大，枝干秀挺，绿荫笼罩，清香幽远。其果外形悦目，个头大，皮薄，仁色浅黄，出仁率高，香脆可口。

## 【岚县土豆】

岚县地处晋地西北部，气候冷凉，昼夜温差大，又是沙壤土，具有种植土豆得天独厚的天然优势。岚县土豆色泽光鲜，含淀粉率高，蛋白质、维生素C含量比其他地方高。到岚县，一定要吃“土豆宴”，尝尝水晶饺子、蒸圪儡、黑条条、捣拿糕、烤土豆、凉夷子、拨烂子、熬山药。

## 【交口沙棘】

交口沙棘又名“醋柳”，胡颓子科沙棘属落叶灌木或小乔木，耐寒抗旱，耐土壤贫瘠。根系发达，有根瘤。沙棘素有“维C之王”美誉。

交口县沙棘品牌“绛仕杰”历经30多年科技研发和市场推广，形成沙棘果汁饮料、沙棘果酱、沙棘罐头等4大类20余个品种，年产量6000余吨，其沙棘果汁饮料的年产销量位居全国同行业首位，尖端产品沙棘果油质量处于行业领先水平。

## 【兴县胡麻油】

晋、陕、蒙、京等地有民谣曰“拉不尽的兴县牛，吃不够的峁底油”，说明兴县奥家湾乡峁底村的胡麻油十分有名。鲜卑族入居兴县后，把野生胡麻、黄芥、小麻子等带来，大面积推广种植。当时，胡麻仅仅是鲜卑人的主食。

明清时期，谷子、玉米、高粱、糜子、莜麦、荞麦等农作物产量才逐渐增多，胡麻、小麻子才退出主食，改为榨油。胡麻油采用传统手工压榨技艺，选用胡麻、黄芥、小麻子等好料压榨而成。

# 附录 APPENDIX

封面封底｜刘　昌 摄

P4—5 ｜ 刘和平 摄

P4—5 ｜ 刘和平 摄

P8—9 ｜ 刘和平 摄

P10—11 ｜ 杨志雄 摄

P12—13 ｜ 尔学礼 摄

P14—15 ｜孟雅蓉 摄

P16—17 ｜ 尔学礼　摄

P22—23 ｜ 王二平 摄

P24 ｜ 刘和平 摄

P24 ｜ 牛琴琴 摄

P24 ｜ 刘和平 摄

P25 ｜杨少华 摄

P27—29 ｜刘和平 摄

P31 ｜贾　宁 摄

P30 | 刘勇强 摄

P31 | 杜 红 摄

P31 | 林文钦 摄

P31 | 张建中 摄

P32—33 | 郭志远 摄

P34—35 | 王胜利 摄

P36—37 | 刘和平 摄

P38 | 薛晓斌 摄

P38 | 康巨源 摄

P38 | 康巨源 摄

P39 | 杨晓勇 摄

P40—41 | 杨少华 摄

P42 | 梁大智 摄

P42 | 梁大智 摄

P42 | 梁大智 摄

P43 | 梁大智 摄

P44 | 梁大智 摄

P45 | 曹晓枫 摄

# 附录 APPENDIX

P45 | 梁大智 摄

P45 | 贺子毅 摄

P46 | 尔学礼 摄

P46 | 尔学礼 摄

P46 | 尔学礼 摄

P47 | 尔学礼 摄

P47 | 刘岗 摄

P47 | 刘良 摄

P48 | 刘海霞 摄

P49 | 刘海霞 摄

P50 | 郑壬杰 摄

P50 | 郑壬杰 摄

P51 | 郑壬杰 摄

P51 | 郑壬杰 摄

P51 | 郑壬杰 摄

P52—53 | 郑壬杰 摄

P54 | 刘桂梅 摄

P54 | 王芃卉 摄

P55 | 刘桂梅 摄

P56—57 | 王胜利 摄

# 附录 APPENDIX

P58 | 刘建国 摄

P58 | 李子中 摄

P58 | 李子中 摄

P59 | 李子中 摄

P60 | 李晋钢 摄

P61 | 陈计珍 摄

P61 | 刘建国 摄

P61 | 王皂生 摄

P63 | 王凤云 摄

P62 | 王凤云 摄

P62 | 冯世平 摄

P64—65 | 刘昌 摄

P66—67 | 王凤云 摄

P67 | 王凤云 摄

P68 | 王宝转 摄

P69 | 史哲鹏 摄

P69 | 石志强 摄

P69 | 李启彪 摄

P70—71 | 刘 岗 摄

P72 | 陈树青 摄

P72–73 | 陈树青 摄

P74–75 | 刘建忠 摄

P80–81 | 郑壬杰 摄

P82 | 王皂生 摄

P83 | 刘和平 摄

P83 | 刘和平 摄

P83 | 刘和平 摄

P83 | 刘和平 摄

P84–85 | 视觉中国

P86 | 李刘晋 摄

P86 | 霍 霖 摄

P86 | 霍 霖 摄

P86–87 | 李刘晋 摄

P88–89 | 韩金龙 摄

P90–91 | 梁达明 摄

P92 | 郭志远 摄

P93 | 郭志远 摄

P93 | 翟东风 摄

P93 | 张凤枝 摄

# 附录 APPENDIX

P93 | 郁朝宁 摄

P94 | 翟东风 摄

P95 | 曹 毅 摄

P95 | 翟东风 摄

P95 | 翟东风 摄

P96 | 梁达明 摄

P97 | 曹晓枫 摄

P97 | 尔学礼 摄

P97 | 曹晓枫 摄

P98 | 郑壬杰 摄

P99 | 郑壬杰 摄

P99 | 郑壬杰 摄

P99 | 郑壬杰 摄

P100—101 | 郑壬杰 摄

P101 | 郑壬杰 摄

P101 | 郑壬杰 摄

P102—103 | 郑壬杰 摄

P104 | 郑壬杰 摄

P105 | 郑壬杰 摄

P105 | 郑壬杰 摄

P107 | 郑壬杰 摄

P105 | 郑壬杰 摄

P106—107 | 郑壬杰 摄

P107 | 郑壬杰 摄

P108—109 | 郑壬杰 摄

P109 | 郑壬杰 摄

P110 | 郑壬杰 摄

P111 | 郑壬杰 摄

P111 | 郑壬杰 摄

P111 | 郑壬杰 摄

P112 | 王中业 摄

P112 | 王中业 摄

P112 | 刘和平 摄

P113 | 唐海滨 摄

P113 | 刘勇强 摄

P113 | 刘和平 摄

P114—115 | 丁艺兵 摄

P116 | 王邑生 摄

P117—118 | 李继平 摄

P119—121 | 汤学海 摄

P122—123 | 任黎明 摄

P124 | 武 勇 摄

附录 APPENDIX

P125 | 蒋云琪 摄

P125 | 任黎明 摄

P126 | 薛建平 摄

P126 | 陈殿玉 摄

P126—127 | 陈宝生 摄

P128 | 薛建平 摄

P129 | 郭晓光 摄

P129 | 陈殿玉 摄

P129 | 蒋云琪 摄

P130—131 | 郭晓光 摄

P132—133 | 薛建平 摄

P134 | 郭晓光 摄

P134 | 郭晓光 摄

P135 | 林正博 摄

P135 | 田兆云 摄

P135 | 武 勇 摄

P136—137 | 林正博 摄

P138 | 李建惠 摄

P138 | 薛建平 摄

# 附录 APPENDIX

P138 | 薛建平 摄

P139 | 王中业 摄

P139 | 王中业 摄

P140 | 王中业 摄

P140 | 王中业 摄

P140 | 王中业 摄

P141 | 马慧珍 摄

P141 | 王中业 摄

P141 | 王中业 摄

P142 | 刘桂梅 摄

P142—143 | 石志强 摄

P144—145 | 石志强 摄

P146 | 刘建忠 摄

P147 | 刘建忠 摄

P152—153 | 翟东风 摄

P154 | 王慧平 摄

P155 | 王慧平 摄

P155 | 王慧平 摄

P155 | 王慧平 摄

P156 | 梁达明 摄

P157 | 梁达明 摄

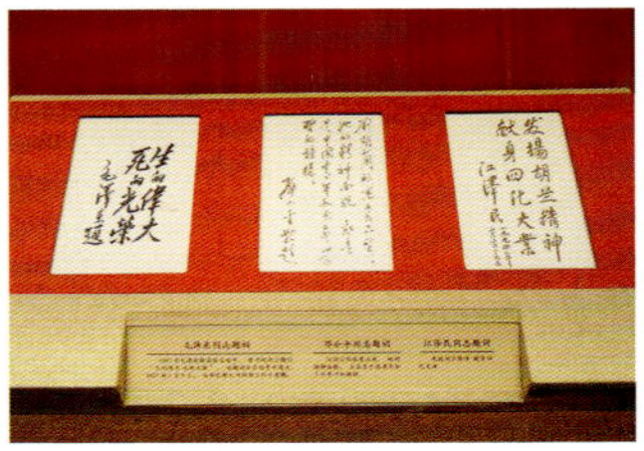
P157 | 吕庆和 摄

P157 | 吕庆和 摄

P157 | 翟东风 摄

P158—159 | 高连芹 摄

P160 | 王永平 摄

P161 | 王永平 摄

P161 | 王永平 摄

P161 | 刘建忠 摄

P161 | 王永平 摄

P162 | 李建惠 摄

P162 | 李建惠 摄

P162 | 李建惠 摄

P163 | 李建惠 摄

P163 | 郝小云 摄

P163 | 李建惠 摄

P164 | 李建惠 摄

P164 | 李建惠 摄

P165 | 张海红 摄

附录 APPENDIX

P166 | 王凌云 摄

P167 | 王凌云 摄

P167 | 李建惠 摄

P167 | 王凌云 摄

P168 | 王中业 摄

P168 | 王中业 摄

P168 | 王中业 摄

P168 | 康继荣 摄

P169 | 王凤云 摄

P169 | 王凤云 摄

P169 | 王反云 摄

P170 | 刘建忠 摄

P171 | 王中业 摄

P172—173 | 王永平 摄

P172—173 | 王永平 摄

P172 | 王永平 摄

P173 | 王永平 摄

P173 | 王永平 摄

P174—175 | 薛贵平 摄

P180–181 | 石志强 摄

P182 | 贾家庄村委会 提供

P183 | 贾家庄村委会 提供

P183 | 曹晓峰 摄

P183 | 贾家庄村委会 提供

P183 | 贾家庄村委会 提供

P183 | 贾家庄村委会 提供

P183 | 贾家庄村委会 提供

P183 | 贾家庄村委会 提供

P184 | 贾樟柯电影工作室 提供

P185 | 梁达明 摄

P185 | 贾家庄村委会 提供

P185 | 贾家庄村委会 提供

P186 | 王凤云 摄

P186 | 薛建平 摄

P187 | 庞小玉 摄

P187 | 吕庆和 摄

P187 | 庞小玉 摄

P188 | 王中业 摄

P189 | 刘建忠 摄

P189 | 刘建忠 摄

P189 | 刘建忠 摄

P190 | 陈殿玉 摄

P190 | 陈殿玉 摄

P190 | 梁达明 摄

P191 | 郁朝宁 摄

P191 | 郁朝宁 摄

P191 | 郁朝宁 摄

P192 | 王慧平 摄

P192 | 王慧平 摄

P192 | 王慧平 摄

P193 | 孙　涛 摄

P194 | 赵　泉 摄

P194 | 赵　泉 摄

P194 | 赵　泉 摄

P195 | 刘海霞 摄

P196 | 刘桂梅 摄

P197 | 王瑞平 摄

P198 | 王　磊 摄

P198 | 王　磊 摄

P199 | 王　磊 摄

P199 | 王　磊 摄

P199 | 王　磊 摄

P199 | 王　磊 摄

P200—201 | 张　乐 摄

P206—207 | 郑壬杰 摄

P208 | 王艽卉 摄

P208 | 王皂生 摄

P208 | 王皂生 摄

P209 | 丁宇鑫 摄

P209 | 王皂生 摄

P210 | 刘和平 摄

P211 | 尔学礼 摄

P212—213 | 王皂生 摄

P213 | 薛建平 摄

P213 | 王皂生 摄

P214 | 尔学礼 摄

P215 | 尔学礼 摄

P215 | 尔学礼 摄

P215 | 尔学礼 摄

P215 | 尔学礼 摄

P216 | 尔学礼 摄

P217 | 尔学礼 摄

P217 | 康巨源 摄

P217 | 索久林 摄

P218 | 尔学礼 摄

P219 | 尔学礼 摄

P219 | 尔学礼 摄

P219 | 尔学礼 摄

P220 | 郑壬杰 摄

P221 | 郑壬杰 摄

P224 | 郑三杰 摄

P221 | 郑壬杰 摄

P221 | 郑壬杰 摄

P222—223 | 梁国文 摄

P224—225 | 郑壬杰 摄

P226—227 | 郑壬杰 摄

P228 | 郑壬杰 摄

P228 | 郑壬杰 摄

P228 | 郑壬杰 摄

P229 | 郑壬杰 摄

P229 | 郑壬杰 摄

P229 | 郑壬杰 摄

P229 | 郑壬杰 摄

P230 | 孙燕 摄

P231 | 郁朝宁 摄

P232 | 郭世民 摄

P233 | 李子中 摄

P233 | 武普敖 摄

P233 | 武普敖 摄

P233 | 武普敖 提供

P234 | 田兆云 摄

P235 | 田兆云 摄

P235 | 司永明 摄

P235 | 田兆云 摄

P236 | 王牧 摄

P236 | 武志刚 摄

P237 | 王 牧 摄

# 附录 APPENDIX

P237 | 王牧 摄

P238 | 吕庆和 摄

P238 | 吕庆和 摄

P238 | 梁大智 摄

P239 | 李子中 摄

P239 | 李子中 摄

P239 | 李子中 摄

P239 | 李子中 摄

P240 | 李建惠 摄

P240 | 李建惠 摄

P240 | 薛建平 摄

P241 | 杨宏 摄

P241 | 薛建平 摄

P241 | 王卫军 摄

P242 | 田兆云 摄

P242 | 杨津平 摄

P243 | 田兆云 摄

P243 | 田兆云 摄

P243 | 王凤云 摄

P244—245 | 田兆云 摄

P247 250 | 白奴心 刻

P246　P251 | 白奴心 刻

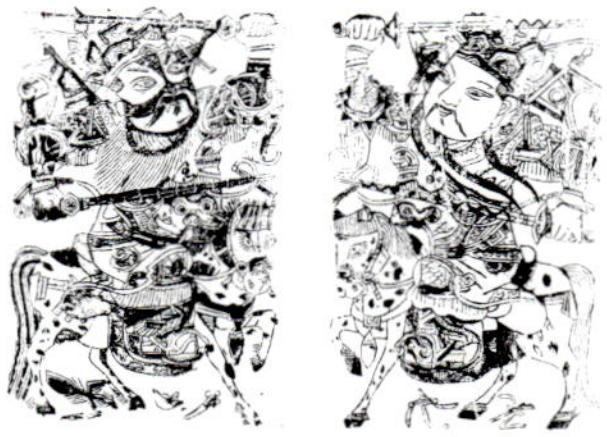

P248　P249 | 白奴心 刻

P252 | 杨津平 摄

P253 | 杨津平 摄

P253 | 杨津平 摄

P253 | 杨津平 摄

P253 | 杨津平 摄

P254 | 任黎明 摄

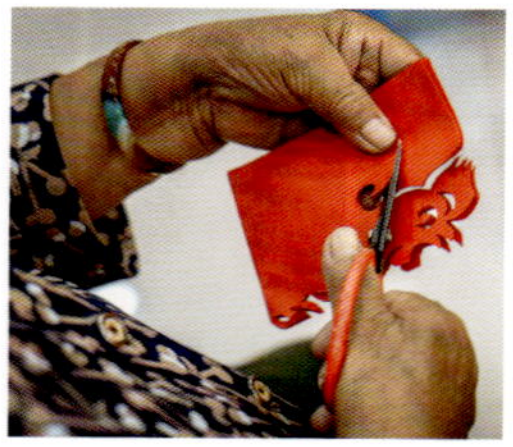

P255 | 蒋丽田 摄

P255 | 蒋丽田 摄

P255 | 蒋丽田 摄

P255 | 石志强 摄

P264—265 | 尔学礼 摄

P266 | 尔学礼 摄

P266 | 宁普慧 摄

P267 | 尔学礼 摄

P267 | 尔学礼 摄

P267 | 尔学礼 摄

P268 | 马晓红 摄

P268 | 郁朝宁 摄

# 附录 APPENDIX

P269 | 王慧平 摄

P269 | 薛建平 摄

P269 | 薛建平 摄

P270 | 徐 静 摄

P270 | 杨津平 摄

P270 | 王凤云 摄

P271 | 刘建国 摄

P271 | 薛建平 摄

P271 | 尔学礼 摄

P272 | 薛建平 摄

P272 | 孙燕 摄

P272 | 王慧平 摄

P272 | 薛建平 摄

P273 | 梁达明 摄

P274 | 尔学礼 摄

P274 | 戴亚平 摄

P275 | 李子中 摄

P275 | 尔学礼 摄

P275 | 刘建忠 摄

P275 | 王慧平 摄